BBC ACTIVE

GET BY

in

POLISH

KASIA CHMIELECKA

D1323312

BBC Active, an imprint of Educational Publishers LLP, part of the Pearson Education Group
Edinburgh Gate, Harlow, Essex CM20 2JE, England
© Educational Publishers LLP 2008
BBC logo © BBC 1996. BBC and BBC ACTIVE are trademarks of the British Broadcasting
Corporation

First published 2008.

All rights reserved. No part of this publication may be reproduced, stored in a retrieval
system or transmitted in any form or by any means electronic, mechanical, photocopying,
recording, or otherwise, without either the prior written permission of the publishers
and copyright owners or a licence permitting restricted copying in the United Kingdom
issued by the Copyright Licensing Agency Ltd., Saffron House, 6–10 Kirby Street,
London EC1N 8TS.

ISBN: 978-1-4066-4432-6

Cover concept design: Emma Wallace
Cover photograph: Sherab/Alamy
Insides concept design: Nicolle Thomas
Layout: Pantek Arts Ltd. (www.pantekarts.co.uk)
Publisher: Debbie Marshall
Project editor: Emma Brown
Language consultant: Franek Strzeszewski
Senior production controller: Franco Forgione
Marketing: Fiona Griffiths

Audio producer: Martin Williamson, Prolingua Productions
Presenters: Mandy Weston, Renata Wojceichowska, Alex Nowak
Sound engineering: Studio AVP

Printed and bound in the UK by Ashford Colour Press Ltd.
The Publisher's policy is to use paper manufactured from sustainable forests.

All photographs supplied by Alamy Images.
p7 Caro; p9 David Crausby; p10 Paul Gapper; p15 JoeFoxKrakow; p16 ImageState;
p23 Neil Setchfield; p24 David Crausby; p28 KonradZelazowski; p33 KonradZelazowski;
p35 Kevin Foy; p41 Andrzej Gorzkowski; p45 avatra images; p49 Chris Fredriksson;
p55 Kevin Foy; p59 Paul Gapper; p60 Mark Saunders; p65 Steven May; p70 PCL;
p72 Steven May; p77 CuboImages srl; p83 Travel and Places; p87 Simon Reddy;
p90 Bon Appetit; p95 Bon Appetit; p101 Jon Arnold Images Ltd.; p107 f1 online;
p108 Pegaz; p114 Caro; p119 vario images GmbH & Co.KG; p123 Caro; p126 David
Crausby

Contents

Get By in Polish is divided into colour-coded topics to help you find what you need quickly. Each unit contains practical travel tips, and a phrasemaker to help you say what you need to and understand what you hear.

Get By in Polish also aims to help you understand how the language works so that you can start to communicate independently. The check out dialogues within each section show the language in action, and the try it out activities give you an opportunity to practise. The link up sections pick out the key structures and give helpful notes about their use. All the basic grammar can be found in the Language Builder, pp130–137.

In Polish, all nouns – things, people, concepts – are either masculine, feminine, or neuter (neither masculine nor feminine) and this affects the way they are written and pronounced as well as the words related to them. There are also different ways of addressing men and women, and sometimes different verb forms depending on whether a man or woman is speaking. In the book these alternative endings and forms of address are shown as masculine/feminine/neuter (m/f/n) e.g:

'I am a student (m/f) **Jestem studentem/studentką**', meaning male student/ female student; 'What is your name? (m/f) **Jak pan/pani ma na imię?**', when talking to a man/woman; 'I'd like to hire a car. (m/f) **Chciałbym/chciałabym wypożyczyć samochód**', when a man/woman is talking.

If you've bought the pack with the audio CD, you'll be able to listen to a selection of the most important phrases and check out dialogues, as well as all the as if you were there activities.

sounds Polish

The rules governing Polish pronunciation are more consistent than those for English, which makes them easier to apply once you've mastered them. This book uses a pronunciation guide based on English sounds to help you, and key points are highlighted in the sound check sections.

stress

In Polish, word stress usually falls on the last but one syllable (stress is shown in this book in bold italics): **lampa** *la*mpa   **okno** *o*kno

However, in words of Latin or Greek origin the stress is usually on the last syllable but two: **prezydent** *pre*sident   **muzyka** *moo*zika

vowels

Some vowels have different pronunciations depending on their position in a word and/or the consonant that follows. This is explained in further detail in the sound checks throughout the units.

	sounds like ...	shown as ...
a	'a' in 'father'	*a*
ą	'on' in 'pond' or 'om' in 'tom' or 'ow' in 'tow'	*on* or *om* or *ow*
e	'e' in 'ever'	*e*
ę	'e' in 'yes' or 'em' in 'hem' or 'en' in 'tend'	*e* or *em* or *en*
i	'ee' in 'eel'	*ee*
o	'o' in 'long'	*o*
ó	'oo' in 'cool'	*oo*
u	'oo' in 'cool'	*oo*
y	'i' in 'tin'	*i*

consonants

Many Polish consonants are pronounced in a similar way to English. Combinations of consonants, however, are pronounced in different ways. In the word **strup**, each consonant is pronounced separately, *stroop*, but in the word **szczęście** the consonants **s** and **z** and **c** and **z** are pronounced as pairs with one sound, *shchenshche*. The pronunciation of some consonants changes depending on their position in a word and/or the following consonant. This is explained in more detail in the sound checks.

	sounds like ...	shown as ...
b	'b' in 'baby' or 'p' in 'plate'	*b* or *p*
c	'ts' in 'kits'	*ts*
ć	'ch' in 'cheese'	*ch*
ch	'h' in 'hit'	*h*
cz	'ch' in 'check'	*ch*
d	'd' in 'doll' or 't' in 'take'	*d* or *t*
dz	'ds' in 'kids' or 'ts' in 'kits'	*dz* or *ts*
dż	'j' in 'joke'	*dj*
dź	'j' in 'jeans' or 'ch' in 'cheese'	*dj* or *ch*
f	'f' in 'fine'	*f*
g	'g' in 'garden' or 'k' in 'kite'	*g* or *k*

h	'h' in 'hot'	h
j	'y' in 'yes'	y
k	'k' in 'kite'	k
l	'l' in 'land'	l
ł	'w' in 'window'	w
m	'm' in 'my'	m
n	'n' in 'no'	n
ń	'n' in 'onion'	n
p	'p' in 'plate'	p
r	lightly rolled	r
rz	's' in 'measure' or 'sh' in 'show'	zh or sh
s	's' in 'say'	s
sz	'sh' in 'show'	sh
ś	's' in 'sugar'	sh
t	't' in 'take'	t
w	'v' in 'violet' or 'f' in 'fine'	v or f
z	'z' in 'zebra' or 's' in 'say'	z or s
ż	'g' in 'rouge' or 'sh' in 'show'	zh or sh
ź	second 'g' in 'garage'	zh

alphabet

Here's a guide to the pronunciation of the letters of the Polish alphabet, which may be useful for spelling your name. The letters Q (*koo*), V (*fow*) and X (*eeks*) do not exist in Polish, except in words of foreign origin.

A	*ah*	Ą	*ow*	B	*beh*	C	*tse*
Ć	*chee*	D	*deh*	E	*eh*	Ę	*ew*
F	*ef*	G	*gie*	H	*ha*	I	*ee*
J	*yot*	K	*ka*	L	*el*	Ł	*ew*
M	*em*	N	*en*	Ń	*enh*	O	*o*
Ó	*oo*	P	*pe*	R	*er*	S	*es*
Ś	*esh*	T	*te*	U	*oo*	W	*voo*
Y	*i/ygrek*	Z	*zet*	Ż	*zhet*	Ź	*zhet*

Bare **Necessities**

currency

The Polish unit of currency is the zloty (PLN in written Polish) and there are 100 groszy (gr) in one zloty. You'll find the following coins: one, two, five, ten, 20 and 50 groszy and one, two and five zloty, and banknotes of ten, 20, 50, 100 and 200 zloty.

Traveller's cheques are not widely used in Poland. You're better off taking cash with you and changing it at a bank or bureau de change (**kantor wymiany walut**) – you will usually be offered a better exchange rate at the latter. Most bureaux de change do not charge commission. You can also withdraw money from many ATMs or pay directly with your debit or credit card. However, it is advisable to carry some cash with you as you will not be able to pay with your card in smaller establishments.

greetings

Polish people often shake hands on meeting. It is also quite common to kiss three times on both cheeks. The most common greeting is **dzień dobry** (good morning or good afternoon), which is used until evening, when you say **dobry wieczór** (good evening). Both phrases can be used formally and informally, unlike **cześć** (hello/bye) which is an informal form.

telling the time

In Poland the 24-hour clock is in general use and not just reserved for travel. 2pm can be either **druga godzina** (two o'clock) or **czternasta godzina** (14.00). 2.30pm can be either **wpół do trzeciej** (half past two) or **czternasta trzydzieści** (14.30).

phrasemaker

greetings
you may say ...

Good morning/ afternoon	Dzień dobry.	*djen dobri*
Good evening.	Dobry wieczór.	*dobri viechoor*
Good night.	Dobranoc.	*dobranots*
Hello/Bye. (informal)	Cześć.	*cheshch*
See you later.	Do zobaczenia.	*do zobachenia*
See you tomorrow.	Do jutra.	*do yootra*
Goodbye.	Do widzenia.	*do veedzenia*

other useful phrases
you may say ...

Excuse me!	Przepraszam!	*psheprasham*
I'm sorry.	Przepraszam/przykro mi.	*psheprasham/pshikro mee*
please/here you are	proszę	*proshe*
Thank you (very much).	Dziękuję (bardzo).	*djenkooye bardzo*
yes/no	tak/nie	*tak/nie*
okay	okay/dobrze	*okay/dobzhe*
Of course!	Oczywiście!	*ochiveeshche*
It doesn't matter./ It's all right.	Nie ma sprawy./W porządku.	*nie ma spravi/f pozhontkoo*
You're welcome.	Proszę bardzo./Nie ma za co.	*proshe bardzo/ nie ma za tso*
Is there a lift (here)?	Czy jest (tu) winda?	*chi yest (too) veenda*
Are there any toilets (here)?	Czy są (tu) toalety?	*chi sow (too) to-aleti*

Where is the town centre?	Gdzie jest centrum?	*gdje yest **tse**ntroom*
Where are ... the shops?	Gdzie są ... sklepy?	*gdje sow **skle**pi*
Do you have any beer?	Czy jest piwo?	*chi yest **pee**vo*
Do you have any sandwiches?	Czy są kanapki?	*chi sow ka**na**pkee*
I'd like ... a hat. a melon.	Proszę ... czapkę. melona.	***pro**she **chap**ke me**lo**na*
I'd like half a kilo of ... apples. carrots.	Proszę pół kilo ... jabłek. marchwi.	***pro**she poow **kee**lo **ya**bwek **mar**hfee*
how much/many?	ile?	*eele*
How much is it?	Ile to kosztuje?	*eele to kosh**too**ye*
How much is it? (in total)	Ile płacę?	*eele **pwa**tse*

you may hear ...

Podać coś?/Czy mogę w czymś pomóc?	***po**dach tsosh/chi **mo**ge f chimsh **po**moots*	Can I help you?
Ile podać?	*eele **po**dach*	How many/much would you like?
Coś jeszcze?	*tsosh **ye**shche*	Anything else?

9

check out 1

You're shopping in a small village grocer's.

○ Dzień dobry. Proszę piwo.
djen dobri. proshe peevo

- Coś jeszcze?
tsosh yeshche

○ Nie, dziękuję. Ile płacę?
nie djenkooye. eele pwatse

Q What do you ask for first of all?
Do you buy anything else?

getting things straight
you may say ...

Pardon?	Słucham?	*swooham*
Could you ...	Proszę ...	*proshe*
say that again?	powtórzyć.	*poftoozhich*
write it down?	to napisać.	*to napeesach*
speak more slowly?	mówić wolniej.	*moovich volniey*
I (don't) understand.	(Nie) rozumiem.	*(nie) rozoomiem*
Do you speak English (m/f)?	Czy mówi pan/pani po angielsku?	*chi moovee pan/panee po angielskoo*
I don't know.	Nie wiem.	*nie viem*

about yourself
you may say ...

My (first) name is ...	Mam na imię ...	*mam na eemie*
My surname is ...	Nazywam się ...	*nazivam she*

Bare **Necessities**

I'm ...
  English (m/f).
	Jestem ...
	  Anglikiem/Angielką.
		yestem
		*ang**lee**kiem/*
		*an**gie**lkow*

Irish (m/f).	Irlandczykiem/ Irlandką.	*eerlant**chi**kiem/* *eer**lan**tkow*
I'm from Glasgow.	Jestem z Glasgow.	*yestem z **gla**sgow*
I'm 33 (years old).	Mam trzydzieści trzy lata.	*mam tshi**dje**shchee* *tshi **la**ta*
(See numbers, p13.)		

I'm ...
  single (m/f).
  married (m/f)
  a widow/widower.
	Jestem ...
	  wolny/a.
	  żonaty/mężatką.
	  wdową/wdowcem.
		yestem
		***vo**lni/a*
		*zho**na**ti/men**zha**tkow*
		***vdo**vow/**vdo**ftsem*

I have two children.	Mam dwoje dzieci.	*mam **dvo**ye **dje**chee*

I'm a ...
  student (m/f).
	Jestem ...
	  studentem/studentką.
		yestem
		*stoo**den**tem/*
		*stoo**den**tkow*

teacher (m/f).	nauczycielem/ nauczycielką.	*na-oochi**che**lem/* *na-oochi**che**lkow*
nurse (m/f).	pielęgniarzem/ pielęgniarką.	*pieleng**nia**zhem/* *pieleng**niar**kow*
I work in an office/a shop.	Pracuję w biurze/sklepie.	*prat**soo**ye v **bioo**zhe/* *s**kle**pie*
I'm here on holiday.	Jestem tu na wakacjach.	*yestem too na* *va**ka**tsyah*
I'm here on business.	Jestem tu służbowo.	*yestem too* *swoozh**bo**vo*
It's the first time I've been to Poland.	Jestem w Polsce po raz pierwszy.	*yestem f **po**lstse po* *ras **pier**fshi*
I speak a little Polish.	Mówię trochę po polsku.	***mo**vie **tro**he po* ***po**lskoo*

you may hear ...

Jak pan/pani ma na imię?	*yak pan/**pa**nee ma na* ***ee**mie*	What's your name? (m/f)
Jak się pan/pani nazywa?	*yak she pan/**pa**nee* *na**zi**va*	What's your surname? (m/f)

Ile pan/pani ma lat?	*ee*le pan/*pa*nee ma lat	How old are you? (m/f)
To ...	*to*	This is ...
moja żona.	*mo*ya *zho*na	my wife.
mój mąż.	mooy monsh	my husband.
Miło mi poznać.	*mee*wo mee *po*znach	Pleased to meet you.
Skąd pan/pani jest?	skont pan/*pa*nee yest	Where do you come from (m/f)?
Czym się pan/pani zajmuje?	chim she pan/*pa*nee zay*moo*ye	What do you do (for a living) (m/f)?
Pan/pani tutaj na wakacjach?	pan/*pa*nee *too*tay na va*ka*tsyah	Are you here on holiday (m/f)?
To pana/pani pierwsza wizyta w Polsce ?	to *pa*na/*pa*nee *pie*rfsha vee*zi*ta f *po*lstse	Is this your first visit to Poland (m/f)?

check out 2

You get chatting to a taxi driver.

○ **Pan tutaj na wakacjach?**
pan **too**tay na va**ka**tsyah

- **Nie. Jestem tu służbowo.**
nie. **ye**stem too swoozh**bo**vo

○ **To pana pierwsza wizyta w Polsce?**
to **pa**na **pie**rfsha vee**zi**ta f **po**lstse

- **Tak. Jestem tutaj po raz pierwszy.**
tak. **ye**stem **too**tay po ras **pie**rfshi

○ **Skąd pan jest?**
skont pan yest

- **Jestem Irlandczykiem.**
yestem eerlant**chi**kiem

Q Have you been to Poland before?
Where are you from?

12

Bare **Necessities**

numbers

0	zero	*ze*ro		16	szesnaście	*shes**na**shche*
1	jeden	*ye*den		17	siedemnaście	*shedem**na**shche*
2	dwa	*dva*		18	osiemnaście	*oshem**na**shche*
3	trzy	*tshi*		19	dziewiętnaście	*djeviet**na**shche*
4	cztery	***chte**ri*		20	dwadzieścia	*dva**dje**shcha*
5	pięć	*piench*		21	dwadzieścia jeden	*dva**dje**shcha **ye**den*
6	sześć	*sheshch*		22	dwadzieścia dwa	*dva**dje**shcha dva*
7	siedem	***she**dem*		30	trzydzieści	*tshi**dje**shchi*
8	osiem	***o**shem*		31	trzydzieści jeden	*tshi**dje**shchi **ye**den*
9	dziewięć	***dje**viench*		32	trzydzieści dwa	*tshi**dje**shchi dva*
10	dziesięć	***dje**shench*		40	czterdzieści	*chter**dje**shchi*
11	jedenaście	*yede**na**shche*		50	pięćdziesiąt	*pien**dje**shont*
12	dwanaście	*dva**na**shche*		60	sześćdziesiąt	*shesh**dje**shont*
13	trzynaście	*tshi**na**shche*		70	siedemdziesiąt	*shedem**dje**shont*
14	czternaście	*chter**na**shche*		80	osiemdziesiąt	*oshem**dje**shont*
15	piętnaście	*piet**na**shche*		90	dziewięćdziesiąt	*djevien**dje**shont*

100	sto	*sto*
101	sto jeden	*sto **ye**den*
102	sto dwa	*sto dva*
200	dwieście	*d**vie**shche*
250	dwieście pięćdziesiąt	*d**vie**shche pien**dje**shont*
300	trzysta	***tshi**sta*
400	czterysta	***chte**rista*
500	pięćset	***pie**nchset*
600	sześćset	***she**shset*
700	siedemset	***she**demset*
800	osiemset	***o**shemset*
900	dziewięćset	***dje**vienset*

1,000	tysiąc	*ti*shonts
2,000	dwa tysiące	*dva ti*shontse
3,000	trzy tysiące	*tshi ti*shontse
4,000	cztery tysiące	*chteri ti*shontse
5,000	pięć tysięcy	*piench ti*shentsi
100,000	sto tysięcy	*sto ti*shentsi
1,000,000	milion	*mee*lion
1,500,000	półtora miliona	*poowto*ra mee*lio*na

ordinal numbers

1st (m/f)	pierwszy/pierwsza*	*pie*rfshi/*pie*rfsha
2nd (m/f)	drugi/druga	*droo*gee/*droo*ga
3rd (m/f)	trzeci/trzecia	*tshe*chee/*tshe*cha
4th (m/f)	czwarty/czwarta	*chf*arti/*chf*arta
5th (m/f)	piąty/piąta	*pio*nti/*pio*nta
6th (m/f)	szósty/ szósta	*shoo*sti/*shoo*sta
7th (m/f)	siódmy/siódma	*shoo*dmi/*shoo*dma
8th (m/f)	ósmy/ósma	*oo*smi/*oo*sma
9th (m/f)	dziewiąty/dziewiąta	*dje*vionti/*dje*vionta
10th (m/f)	dziesiąty/dziesiąta	*dje*shonti/*dje*shonta
11th (m/f)	jedenasty/jedenasta	yede*na*sti/yede*na*sta
12th (m/f)	dwunasty/dwunasta	dvoo*na*sti/dvoo*na*sta

(*The alternative form of the word is used when telling the time. For more on different word endings, see the Language Builder, pp130–133; for more on telling the time, see p137.)

changing money

you may say ...

| I'd like to change 50 pounds into zloty. | Proszę wymienić mi pięćdziesiąt funtów na złotówki. | *pro*she vi*mie*neech mee pien*dje*shont *foo*ntoof na zwo*too*fkee |
| What is the exchange rate? | Jaki jest kurs wymiany? | *ya*kee yest koors vi*mia*ni |

Do you charge commission?	Czy pobieracie prowizję?	*chi pobierache proveezye*
Do you change traveller's cheques?	Czy wymieniacie czeki podróżne?	*chi vimieniache chekee podroozhne*
a note/a coin	banknot/moneta	*banknot/moneta*

Proszę paszport.	*proshe pashport*	May I see your passport?
Prowizja wynosi ...	*proveezya vinoshee*	The commission charge is ...
Funt kosztuje ... złotych ... groszy.	*foont koshtooye ... zwotih ... groshi*	The pound is at ... zloty ... groszy.

check out 3

You're at the bank to get some zloty.

○ Dzień dobry. Proszę wymienić mi sto funtów na złotówki.
djen dobri. proshe vimieneech mee sto foontoof na zwotoofkee

- Proszę bardzo.
proshe bardzo

○ Czy pobieracie prowizję?
chi pobierache proveezye

- Nie.
nie

○ Jaki jest kurs wymiany?
yakee yest koors vimiani

- Funt kosztuje pięć złotych.
foont koshtooye piench zwotih

Q What's the commission charge?
How many zloty are there to the pound?

15

the time

What time is it?	Która godzina?	*ktoora godjeena*
What time does ... the train leave/ arrive? the shop open/ close?	O której ... odjeżdża/przyjeżdża pociąg? otwierają/zamykają sklep?	*o ktoorey odyezhdja/ pshiyezhdja pochonk otfierayow/ zamikayow sklep*
What time do you open/close?	O której otwieracie/ zamykacie?	*o ktoorey otfierache/ zamikache*

you may hear ...

Jest wpół do trzeciej.	*yest fpoow do tshechey*	It's 14.30.
Jest kwadrans po północy.	*yest kfadrans po poownotsi*	It's quarter past midnight.
za ... pięć minut trzy godziny	*za ... piench meenoot tshi godjeeni*	in ... five minutes three hours
Jest ... pierwsza (godzina). za kwadrans pierwsza. kwadrans po pierwszej. wpół do drugiej.	*yest pierfsha (godjeena) za kfadrans pierfsha kfadrans po pierfshey fpoow do droogiey*	It's ... one o'clock. a quarter to one. quarter past one. half past one.
w południe	*fpowoodnie*	at noon
o północy	*o poownotsi*	at midnight
od szóstej godziny	*ot shoostey godjeeni*	from six o'clock
rano	*rano*	in the morning
wieczorem	*viechorem*	in the evening
dziś po południu	*djeesh po powoodnyoo*	this afternoon

countries & nationalities

Australia: Australian (m/f)	Australia: Australijczyk/ Australijka	*awstralia: awstraleeychik/ awstraleeyka*
Canada: Canadian (m/f)	Kanada: Kanadyjczyk/ Kanadyjka	*kanada: kanadiychik/ kanadiyka*
Czech Republic: Czech (m/f)	Czechy: Czech/Czeszka	*chehi: cheh/cheshka*
England: English (m/f)	Anglia: Anglik/Angielka	*anglia: angleek/ angielka*
Germany: German (m/f)	Niemcy: Niemiec/ Niemka	*niemtsi: niemiets/ niemka*
Ireland: Irish (m/f)	Irlandia: Irlandczyk/ Irlandka	*eerlandia: eerlantchik/ eerlantka*
Ukraine: Ukrainian (m/f)	Ukraina: Ukrainiec/ Ukrainka	*ookra-eena: ookra-eeniets/ookra-eenka*
Poland: Polish (m/f)	Polska: Polak/Polka	*polska: polak/polka*
Russia: Russian (m/f)	Rosja: Rosjanin/ Rosjanka	*rosya: rosyaneen/ rosyanka*
Scotland: Scottish (m/f)	Szkocja: Szkot/Szkotka	*shkotsya: shkot/ shkotka*
Slovakia: Slovakian (m/f)	Słowacja: Słowak/ Słowaczka	*swovatsya: swovak/ swovachka*
United States: American (m/f)	Stany Zjednoczone: Amerykanin/ Amerykanka	*stani zyednochone: amerikaneen/ amerikanka*
Wales: Welsh (m/f)	Walia: Walijczyk/ Walijka	*valya: valeeychik/ valeeyka*

days

Monday	poniedziałek	*poniedjawek*
Tuesday	wtorek	*ftorek*
Wednesday	środa	*shroda*
Thursday	czwartek	*chfartek*
Friday	piątek	*piontek*
Saturday	sobota	*sobota*
Sunday	niedziela	*niedjela*

today	dzisiaj/dziś	*djeeshay/djeesh*
tomorrow	jutro	*yootro*
yesterday	wczoraj	*fchoray*

months

January	styczeń	*stichen*
February	luty	*looti*
March	marzec	*mazhets*
April	kwiecień	*kfiechen*
May	maj	*my*
June	czerwiec	*cherviets*
July	lipiec	*leepiets*
August	sierpień	*sherpien*
September	wrzesień	*vzheshen*
October	październik	*pazhdjerneek*
November	listopad	*leestopat*
December	grudzień	*groodjen*

sound check

c is a strongly pronounced consonant in Polish and is pronounced like the 'ts' in 'kits':

co   *tso*   dworzec   *dvozhets*

When **c** is accompanied by **h** it is pronounced like the 'h' in 'hit':

chciałby   *hchawbi*   wakacjach   *vakatsyah*

You will also see the combination **cz**, which is pronounced like the 'ch' in 'check':

czy   *chi*   wczoraj   *fchoray*

try it out

crossed lines

Match the questions with the correct answers.

1	Która godzina?	**a**	Nazywam się Jones
2	Podać coś?	**b**	Pracuję w biurze.
3	Skąd pani jest?	**c**	Proszę melona.
4	Czy jest pan tu służbowo?	**d**	Jest wpół do drugiej.
5	Jak się pan nazywa?	**e**	Nie, jestem tu na wakacjach.
6	O której przyjeżdża pociąg?	**f**	O dwunastej.
7	Czym się pani zajmuje?	**g**	Jestem Angielką.

whose number?

Match the person with their Polish telephone number.

1 Maria 212353
2 Ola 331054
3 Edward 3684748
4 Kasia 490571
5 Marcin 670043

a trzysta trzydzieści jeden zero pięćdziesiąt cztery
b sześć siedem zero zero cztery trzy
c dwieście dwanaście trzysta pięćdziesiąt trzy
d trzydzieści sześć osiemdziesiąt cztery siedemset czterdzieści osiem
e cztery dziewięć zero pięć siedem jeden

in the mix

Unscramble these days of the week:

1 śodar   4 bstooa
2 edznieila 5 ąkpeit
3 tczawrke

as if you were there

You are in a hotel lift and the woman next to you has dropped her keys. You hand them to her. Follow the prompts to play your part in the conversation.

(Say here you are)

Dziękuję bardzo. Mam na imię Marta.

(Say it is nice to meet her. Say your name is James)

Miło mi pana poznać. Skąd pan jest?

(Say you're from England)

Jest pan tu na wakacjach?

(Say you're here on business)

linkup

key phrases	Mam na imię ...	**My (first) name is ...**
	Nazywam się ...	**My surname is ..**
	Jestem Anglikiem/Angielką.	**I'm** English (m/f).
	Jestem z Glasgow.	**I'm from** Glasgow.
	Mam dwoje dzieci.	**I have** two children.
	Gdzie jest dworzec?	**Where's** the station?
	Czy jest tu winda?	**Is there/Do you have** a lift?
	Czy są kanapki?	**Are there/Do you have** any sandwiches?
	Proszę melona.	**I'd like** a melon.
	Proszę mówić wolniej!	**Can you** speak more slowly?

Bare **Necessities**

the way you say things

You can't always translate things word for word from one language to another. For example, Mam trzydzieści lat (I'm thirty) literally means 'I have thirty years'. So it is often better to learn whole phrases rather than individual words.

talking to people

In Polish there are several ways of saying 'you' depending on whom you are addressing:

	formal:	informal:
a male	pan	ty
a female	pani	ty
two or more males	panowie	wy
two or more females	panie	wy
two or more males and females	państwo	wy

Since it is likely that this book will mostly be used to communicate with people you meet for the first time, the formal form is used in the examples.

missing words

There is no need to use subject pronouns ('I', 'you', 'he', 'she', etc.) in phrases because the verb ending will tell you who is being referred to.

Jestem z Glasgow. (not Ja jestem) I'm from Glasgow.

Jesteśmy tu na wakacjach. (not My jesteśmy) We are here on holiday.

For more about verb endings, see the Language Builder, p134.

Getting **Around**

arriving by air

Poland's biggest and busiest airport is the Frederic Chopin airport in Warsaw. However, the majority of Polish cities (Szczecin, Gdańsk, Bydgoszcz, Poznań, Łódź, Wrocław, Rzeszów, Kraków and Katowice) have their own airports and are served by low-cost airlines.

Internal flights are operated by Polish national airlines (LOT). See **www.lot.com**.

by train

Travelling by train is easy as the Polish rail network is very well developed. PKP (**Polskie Koleje Państwowe**) is the Polish state railway. There are several types of train in Poland: the Intercity, Eurocity, Express, and fast (**pociąg pospieszny**), slow (**pociąg osobowy**) and local (**pociąg podmiejski**) trains. Prices vary, so specify which service you would like when buying your ticket. Most trains have two classes of

accommodation, with first class costing 50 per cent more than second. Intercity and Express trains require seat reservations, which should be made when buying the ticket. Such trains are indicated by the letter R on timetables.

by coach/bus

PKS (**Przedsiębiorstwo Komunikacji Samochodowej**) is a state-owned company that offers three types of coach service: local, intercity and long-distance. There are regular connections between most towns, cities and even villages. Polski Express is a privately owned coach company usually offering faster journey times in greater comfort, but serving fewer destinations. Polski Express coaches operate from Okęcie Airport in Warsaw.

taxis

Calling a radio taxi is usually cheaper than taking one from a taxi rank. Taxis in Poland are

privately owned, so fares vary. Make sure you agree the fare beforehand to avoid being overcharged.

metro

The only city with a metro service is Warsaw. There is just one line, which links Bielany (Marymont), in the northern part of the city, with the city centre (Centrum) and Ursynów (Kabaty) in the southern part of the city. Trains run between 5am and 0.41am every 3 to 4 minutes at peak times and every 4 to 6 minutes off-peak. You buy the same kind of ticket for the metro as for buses and trams and this needs to be validated in one of the gate machines to gain entry. There is a lift at every station.

boats & ferries

If you spend any time in the north of Poland, it is worth taking a boat cruise on the Baltic Sea. The main seaports are Gdańsk, Gdynia, Szczecin-Świnoujście and Kołobrzeg. For more information, enquire at local tourist information offices. For trips on the Vistula River between Kraków, Warsaw and Gdańsk, see **www.zeglugawislana.pl**. There are also cruises on the Vistula River around Warsaw, Kraków and Kazimierz Dolny and on the Odra River around Wrocław. Most Polish cities have official websites in English, which are a good source of general information. See **www.krakow.pl**, **www.e-warsaw.pl**, **www. wroclaw.pl** and **www.gdansk.pl**.

car/bike hire

There are car rental offices at most Polish airports (look out for **wynajem** or **wypożyczalnia samochodów**). You can also enquire about renting a car at the hotel reception or book online. In big cities like Warsaw or Kraków you can often rent a car and a bike from the same company. Bike hire is more popular and more widely available in holiday resorts than in towns or cities.

phrasemaker

asking the way

you may say ...

Excuse me!	Przepraszam!	*psheprasham*
Which way is ...	Którędy ...	*ktoorendi*
the railway station?	do dworca kolejowego?	*do dvortsa koleyovego*
the town centre?	do centrum?	*do tsentroom*
the post office?	na pocztę?	*na pochte*
Is it near/far?	Czy to blisko/daleko?	*chi to bleesko/daleko*
Is it far to ...?	Czy daleko do ...?	*chi daleko do*
Is there ... near here?	Czy jest tu blisko ...	*chi yest too bleesko*
a park	park?	*park*
a taxi rank	postój taksówek?	*postooy taksoovek*
Are there ... near here?	Czy są tu blisko...	*chi sow too bleesko*
toilets	toalety?	*to-aleti*
shops	sklepy?	*sklepi*
Is this the right way to ...	Czy to dobra droga do ...	*chi to dobra droga do ...*
the castle?	zamku?	*zamkoo*
the airport?	lotniska?	*lotneeska*
Where's the ...	Gdzie jest ...	*gdje yest*
nearest pedestrian crossing?	najbliższe przejście dla pieszych?	*naybleeshshe psheyshche dla pieshih*
nearest petrol station?	najbliższa stacja benzynowa?	*naybleeshsha statsya benzinova*
nearest cashpoint?	najbliższy bankomat?	*naybleeshshi bankomat*

I'm looking for ...	Szukam ...	*shookam*
the bus/coach station.	dworca autobusowego.	*dvortsa a-ootoboosovego*
an internet café.	kafejki internetowej.	*kafeykee eenternetovey*
I'm lost. (m/f)	Zgubiłem się./ Zgubiłam się.	*zgoobeewem she/ zgoobeewam she*

you may hear ...

Tam jest!	*tam yest*	There it is!
Trzeba skręcić ... na światłach.	*tsheba skrencheech ... na shfiatwah*	Turn ... at the traffic lights.
w prawo	*fpravo*	right
w lewo	*vlevo*	left
Jest na prawo/lewo.	*yest na pravo/na levo*	It's on the right/left.
Trzeba przejść przez ...	*tsheba psheyshch pshes ...*	Cross the ...
ulicę.	*ooleetse*	street.
skwer.	*skfer*	square.
Proszę iść prosto.	*proshe eeshch prosto*	Go straight on.
Trzeba skręcić ...	*tsheba skrencheech*	Take ...
w pierwszą w prawo.	*fpierfshow fpravo*	the first (street) on the right.
w drugą w lewo.	*fdroogow vlevo*	the second (street) on the left.
aż do ...	*ash do*	as far as ...
ronda	*ronda*	the roundabout
skrzyżowania	*skshizhovania*	the crossroads
To około stu metrów stąd.	*to okowo stoo metroof stont*	It's about 100 metres away.
Na końcu ulicy.	*na kontsoo ooleetsi*	at the end of the street
Jest na rogu.	*yest na rogoo*	It's on the corner.
Jest ...	*yest*	it's ...
(całkiem) niedaleko	*(tsawkiem) niedaleko*	(quite) near
naprzeciwko	*napshecheefko*	opposite
obok	*obok*	next to

check out 1

You stop a passer-by to ask for directions.

○ Przepraszam! Gdzie jest najbliższa poczta?
psheprasham. gdje yest naybleeshsha pochta

- Proszę iść prosto aż do skrzyżowania. Trzeba skręcić w prawo na światłach. Poczta jest na końcu ulicy.
proshe eeshch prosto ash do skshizhovania. tsheba skrencheech fpravo na shfiatwah. pochta yest na kontsoo ooleetsi

○ Czy to daleko?
chi to daleko

- Nie. To około stu metrów stąd.
nie. to okowo stoo metroof stont

○ Dziękuję bardzo.
djenkooye bardzo

- Nie ma za co.
nie ma za tso

> Q
> Where do you want to get to?
> Do you need to cross the square to get there?
> How far is it?

hiring a car or bike

you may say …

I'd like to hire … (m/f)	Chciałbym/chciałabym wypożyczyć …	*hchawbim/hchawabim vipozhichich*
a car.	samochód.	*samohoot*
a motorbike.	motor.	*motor*
a bicycle.	rower.	*rover*
a … car	… samochód	*samohoot*
small	mały	*mawi*
(fairly) big	(dosyć) duży	*(dosich) doozhi*
three/five-door	trzy/pięcio-drzwiowy	*tshi-/piencho-djviovi*

26

for ...	na ...	*na*
two days	dwa dni	*dva dnee*
a week	tydzień	*tidjen*
How much is it ...	Ile to kosztuje ...	*eele to koshtooye*
per day?	za jeden dzień?	*za yeden djen*
per week?	za tydzień?	*za tidjen*
Is the mileage limited?	Czy jest limit kilometrów?	*chi yest leemeet keelometroof*
Is insurance included?	Czy cena obejmuje ubezpieczenie?	*chi tsena obeymooye oobespiechenie*

you may hear ...

Na ile dni?	*na eele dnee*	For how many days?
Jaki (samochód)?	*yakee samohoot*	What kind of car?
Kto będzie prowadzić?	*kto bendje provadjeech*	Who'll be driving?
... złotych za dzień/ tydzień	*zwotih za djen/tidjen*	... zloty a day/a week
Proszę ...	*proshe*	Your ... please.
prawo jazdy.	*pravo yazdi*	driving licence
passport.	*pashport*	passport
Trzeba zapłacić kaucję.	*tsheba zapwachich ka-ootsye*	There's a deposit to pay.
Czy decyduje się pan/ pani?	*chi detsidooye she pan/panee*	Is that okay (for you)? (m/f)

buying petrol
you may say ...

Could I have 30 litres of ...	Proszę trzydzieści litrów ...	*proshe tshidjeshchi leetroof*
unleaded	bezołowiowej	*bezowoviovey*
diesel	dizla	*deezla*
4-star	wysokooktanowej	*visoko-oktanovey*
Could I have 100 zloty of ...	Proszę ... za sto złotych.	*proshe za sto zwotih*
unleaded?	bezołowiową	*bezowoviovow*
4-star?	wysokooktanową	*visoko-oktanovow*

Have you got any ...	Czy macie ...	*chi mache*
air?	kompresor?	*kompresor*
water?	wodę?	*vode*
oil?	olej?	*oley*
maps?	mapy?	*mapi*
How much is it?	Ile to kosztuje?	*eele to koshtooye*
pump number four	dystrybutor numer cztery	*distribootor noomer chteri*

you may hear ...

Tu jest samoobsługa.	*too yest samo-opswooga*	It is self-service.
Który to dystrybutor?	*ktoori to distribootor*	Which pump?

on the road
you may say ...

Is this the right way to Poznań?	Czy to droga do Poznania?	*chi to droga do poznania*
How many kilometres to Kraków?	Ile kilometrów do Krakowa?	*eele keelometroof do krakova*
Is Lublin far (from here)?	Czy Lublin jest daleko (stąd)?	*chi looblin yest daleko (stont)*
How do you get to Wrocław?	Jak dojechać do Wrocławia?	*yak doyehach do vrotswavia*
Can I park here?	Czy mogę tu zaparkować?	*chi moge too zaparkovach*
Where is the car park?	Gdzie jest parking?	*gdje yest parking*

Getting **Around**

road signs
you may see …

zjazd	*ziast*	exit
ustąp pierwszeństwa	*oostomp pierfshenstfa*	give way
płatna autostrada	*pwatna a-ootostrada*	(toll) motorway
zakaz parkowania	*zakas parkovania*	no parking
zwolnij	*zvolneey*	slow down
centrum	*tsentroom*	town centre
Uwaga!	*oovaga*	Watch out!

check out 2
You stop for petrol and ask directions.

- ○ Dzień dobry. Proszę trzydzieści litrów bezołowiowej.
  djen dobri. proshe tshidjeshchi leetroof bezowoviovey

- Proszę bardzo.
  proshe bardzo

- ○ Ile kilometrów do Lublina?
  eele keelometroof do loobleena

- Około pięćdziesięciu.
  okowo piendjeshenchoo

- ○ Prosto?
  prosto

- Nie. Trzeba skręcić na rondzie w lewo.
  nie. tsheba skrencheech na rondje vlevo

- ○ Dziękuję. Ile płacę?
  djenkooye. eele pwatse

Q What kind of petrol do you buy?
You need to go straight on at the roundabout: true or false?

taking a taxi

you may say ...

Is there a taxi rank near here?	Czy jest tu blisko postój taksówek?	*chi yest too **blee**sko **po**stooy tak**soo**vek*
To this address, please.	Ten adres, proszę.	*ten adres **pro**she*
To the airport, please.	Lotnisko, proszę.	*lot**nee**sko **pro**she*
Quickly, please!	Szybko, proszę.	*shipko **pro**she*
How long will it take?	Ile to zajmie?	*eele to **zay**mie*
How much will it cost?	Ile to będzie kosztować?	*eele to **ben**dzie kosh**to**vach*
I'd like a receipt.	Proszę paragon.	*proshe paragon*

you may hear ...

To niedaleko.	*to nieda**le**ko*	It's not far.
To spory kawałek.	*to spori kavawek*	It's quite a way.
Niedługo.	*nied**woo**go*	Not long.

getting information

you may say ...

Are there any ... to Gdańsk?	Czy są jakieś ... do Gdańska?	*chi sow **ya**kiesh ... do **Gda**nska*
buses	autobusy	*a-ooto**boo**si*
trains	pociągi	*po**chon**gee*
coaches	autokary	*a-ooto**ka**ri*
Is there a fast train to Kraków?	Czy jest pociąg pospieszny do Krakowa?	*chi yest **po**chonk pos**pie**shni do kra**ko**va*
Is there a shuttle service to the airport?	Czy jest bezpośrednie połączenie z lotniskiem?	*chi yest bespos**h**rednie powon**che**nie slot**nee**skiem*

What time does the ... train leave?	O której odjeżdża ... pociąg?	o ktoorey odyezhdja... pochonk
next	następny	nastempni
last	ostatni	ostatnee
What time does the ...	O której ...	o ktoorey
bus leave/arrive?	odjeżdża/przyjeżdża autobus?	odyezhdja/ pshiyezhdja a-ootoboos
plane leave/arrive?	odlatuje/przylatuje samolot?	odlatooye/ pshilatooye samolot
boat leave/arrive?	odpływa/przypływa statek?	otpwiva/pshipwiva statek
What number is it?	Jaki numer?	yakee noomer
Can I buy a ticket on the ...	Czy mogę kupić bilet ...	chi moge koopeech beelet
bus?	w autobusie?	fa-ootobooshe
tram?	w tramwaju?	ftramvayoo
Where is the nearest ... stop?	Gdzie jest najbliższy przystanek ...	gdje yest naybleeshshi pshistanek
bus	autobusowy?	a-ootoboosovi
tram	tramwajowy?	tramvayovi
Which platform?	Który peron?	ktoori peron
Is there a lift?	Czy jest winda?	chi yest veenda
How long does ... take?	Ile trwa ...	eele trfa
the flight	lot?	lot
the journey	podróż?	podroosh
Does it stop at ...?	Czy zatrzymuje się w...?	chi zatshimooye she f
Where should I get off?	Gdzie mam wysiąść?	gdje mam vishonshch
Is food provided?	Czy zapewnione jest jedzenie?	chi zapevnione yest yedzenie
Is there a toilet?	Czy jest toaleta?	chi yest to-aleta
Where is the left-luggage office?	Gdzie jest przechowalnia bagażu?	gdje yest pshehovalnia bagazhoo

you may hear ...

To jest pociąg ...	*to yest* **po**chonk	It's a ... train.
pospieszny	pos**pie**shni	fast
osobowy	oso**bo**vi	slow
Musi pan/pani wysiąść/	**moo**shi pan/**pa**nee	(You need to) get off
Proszę wysiąść ...	**vi**shonshch/**pro**she	at ... (m/f)
	vishonshch	
Numer ...	**noo**mer	Take line/number ...
Musi pan/pani przesiąść	**moo**shi pan/**pa**nee	You must change at
się ...	**pshe**sonshch she	... (m/f)
Jest połączenie.	*yest* pow**on**che*nie*	There's a connection.
Pokażę panu/pani.	po**ka**zhe **pa**noo/**pa**nee	I'll show you. (m/f)

check out 3

You're at the station and want to find out about train times.

○ Dzień dobry. Czy są jakieś pociągi do Poznania?
   djen **do**bri. chi sow **ya**kiesh po**cho**ngee do poz**na**nia

- Tak. Jest pociąg pospieszny o siedemnastej piętnaście.
   tak. yest **po**chonk pos**pie**shni o shedem**na**stey pient**na**shche

○ O której przyjeżdża do Poznania?
   *o k***too**rey pshi**ye**zhdja do poz**na**nia

- Dwudziesta pierwsza czterdzieści.
   *dvoo***dje**sta **pie**rfsha chter**dje**shchi

○ Który peron?
   ktoori **pe**ron

- Peron trzeci.
   peron **tshe**chi

Which of the following statements are true?

a) The train leaves from platform three.

b) This is a fast train.

c) The train arrives in Poznań at a quarter to ten.

buying a ticket

you may say ...

Where's the ticket office?	Gdzie jest kasa biletowa?	*gdje yest ka*sa *beeletova*
a ... ticket to Szczecin	bilet ... do Szczecina	*bee*let ... *do shchechee*na
return	powrotny/w obie strony	*povrotni/v obie stroni*
single	w jedną stronę	*fyednow stron*e
for two adults and one child	dla dwojga dorosłych i jednego dziecka	*dla d*voyga *doros*wih *ee yed*nego *djet*ska
first/second class	pierwsza/druga klasa	*pier*fsha/*droo*ga *kla*sa
I'd like to reserve ... (m/f)	Chciałbym/chciałabym zarezerwować ...	*hcha*wbim/*hcha*wabim *zarezervovach*
a seat.	miejsce.	*mie*ystse
a sleeping compartment.	przedział sypialny.	*pshedjaw sypia*lni
Is there a reduction for ...	Czy jest zniżka dla ...	*chi yest zneeshka dla*
children?	dzieci?	*dje*chee
students?	studentów?	*stoodentoof*
senior citizens?	osób starszych?	*osoop starshih*

Jest dopłata 25 złotych.	*yest dopwata dvadjeshcha piench zwotih*	There's a 25-zloty supplement.
Na jaki pociąg?	*na yakee pochonk*	What kind of train?
Normalny?	*normalni*	A full-price ticket?
Ulgowy?	*oolgovi*	A reduced-fare ticket?
Ile lat ma dziecko?	*eele lat ma djetsko*	How old is the child?
Musi pan/pani mieć odliczoną kwotę.	*mooshi pan/ panee miech odleechono kfote*	You have to give the exact money. (m/f)

check out 4

You're at the station buying tickets for your family.

○ Dzień dobry. Proszę trzy bilety na pospieszny do Szczecina.
djen dobri. proshe tshi beeleti na pospieshni do shchecheena

- Normalne?
normalne

○ Tak.
tak

- Pierwsza czy druga klasa?
pierfsha chi drooga klasa

○ Druga.
drooga

- Sto złotych proszę.
sto zwotih proshe

Q What kind of train do you want your ticket for?
Do you choose first or second class?

using the bus/tram

you may say ...

One ticket, please.	Bilet proszę.	*bee*let *pro*she
A book of tickets, please.	Karnet proszę.	*kar*net *pro*she
Can you tell me when to get off, please?	Proszę mi powiedzieć, kiedy wysiąść.	*pro*she mee po*vie*djech *kie*di *vi*shonshch
Does this bus/tram go to the town centre?	Czy ten autobus/ tramwaj jedzie do centrum?	chi ten a-oo*to*boos/ *tram*vay *ye*dje do *tsen*troom
Which number do I need for the railway station?	Który numer jedzie na dworzec kolejowy?	*ktoo*ri *noo*mer *ye*dje na *dvo*zhets kole*yo*vi
Is the next stop Marymont?	Czy następny przystanek to Marymont?	chi na*stem*pni pshi*sta*nek to *mari*mont
I want to get to ... Zielona Street.	Chcę się dostać ... na ulicę Zieloną.	htse she *do*stach na oo*leet*se zhe*lo*now
the art museum.	do muzeum sztuki.	do moo*ze*-oom *shtoo*kee
the shopping centre.	do centrum handlowego.	do *tsen*troom handlo*ve*go

you may hear ...

Nie mam wydać.	*nie mam vidach*	I have no change.
Proszę skasować bilet po wejściu do ...	*proshe skasovach beelet po veyshchu do*	Don't forget to validate your ticket after boarding ...
autobusu.	*awtoboosoo*	the bus.
tramwaju.	*tramvayoo*	the tram.
Musi się pan/pani przesiąść na następnym przystanku.	*mooshi she pan/panee psheshonshch na nastempnim pshistankoo*	You need to change at the next stop. (m/f)
Numer jeden.	*noomer yeden*	Number one.
Musi pan/pani wysiąść tutaj.	*mooshi pan/panee vishonshch tootay*	You need to get off here. (m/f)

sound check

The following Polish vowels are always pronounced in the same way, wherever they appear in a word:

a is pronounced like the 'a' in 'father'
kasa *kasa*   toaleta *to-aleta*

e is pronounced like the first 'e' in 'ever'
gdzie *gdje*   museum *mooze-oom*

i is pronounced like the 'ee' in 'eel'
ile *eele*   lotnisko *lotneesko*

o is pronounced like the 'o' in 'long'
to *to*   w prawo *fpravo*

u is pronounced like the 'oo' in 'cool'
ulica *ooleetsa*   numer *noomer*

y is pronounced like the 'i' in 'tin'
tydzień *tidjen*   czy *chi*

try it out

where are you?

1 Proszę trzydzieści litrów bezołowiowej.
2 Bilet na pospieszny do Lublina proszę.
3 Ten adres proszę.
4 Chciałbym wypożyczyć samochód.
5 Proszę skasować bilet.

mind the gap

Complete the missing words.

1 Czy jest ... dla studentów?
2 Szukam ... internetowej.
3 Gdzie jest ... biletowa?
4 Czy jest tu blisko ... taksówek?
5 Gdzie jest przechowalnia ...?

as if you were there

You want to get to the town's railway station. You ask a passer-by the way. Follow the prompts to play your part.

(Say excuse me and ask the way to the railway station)

To spory kawałek stąd.

(Ask if there is a taxi rank near here)

Tak. Trzeba skręcić w pierwszą w prawo i iść prosto. Postój jest na końcu ulicy.

(Ask where the nearest cashpoint is)

Obok postoju taksówek.

(Say thank you)

Proszę bardzo.

linkup

key phrases

Gdzie jest dworzec autobusowy?	**Where's** the coach station, please?
Gdzie są toalety?	**Where are** the toilets?
Czy to daleko?	**Is it** far?
Szukam banku.	**I'm looking for** the bank.
Czy jest tu blisko stacja benzynowa?	**Is there** a petrol station **near here**?
O której odjeżdża pociąg?	**What time** does the train leave?
Chciałbym/chciałabym wypożyczyć samochód.	**I'd like** to hire a car.(m/f)
Czy mogę tu zaparkować ?	**Can I** park here?

asking questions

In written Polish 'yes/no' questions are preceded by czy.

Czy ma pani dzieci? Do you have children?

Czy jest pan tu służbowo? Are you here on business?

In spoken Polish you don't always need to use czy; you can simply change the intonation of a sentence to make it sound like a question:

Czy pani ma dzieci? or Pani ma dzieci?

Czy jest pan tu służbowo? or Jest pan tu służbowo?

Here are some more question words you'll find very handy:

Where? Gdzie?
How? Jak?
How much?/How many? Ile?
Who? Kto?
When? Kiedy?
What (is it)? Co?
What? (used adjectivally, e.g. What colour?/What number?)
Jaki/a/ie?*

*For more on 'What?' see the Language Builder, p137. ·····⟩

saying where things are

To say where something is you will hear expressions like:

W banku. In the bank. (**w** = in)
Na rogu. On the corner. (**na** = on)
Obok poczty. Next to the post office. (**obok** = next to)
Blisko parku. Near the park. (**blisko** = near)
Pomiędzy muzeum a kafejką internetową. Between the museum and the Internet cafe. (**pomiędzy** = between)

Notice that the ending of the noun changes in such instances: in the examples above, **bank** becomes **banku** and **róg** becomes **rogu**.

You'll often come across different word endings in Polish, according to the context in which the word is used. You shouldn't go wrong if you learn whole phrases rather than individual words, but it's best not to worry too much about this. You should still be able to identify the word from its stem (the beginning) and you will still be understood by most Polish people if you don't use the correct ending.

For more about how word endings change, see 'cases' in the Language Builder, p130. ·····⟩

Somewhere **to Stay**

hotels, b&bs and hostels

If you want to find somewhere to stay in Poland, there's a variety of places on offer. Hotels range from the deluxe and very expensive (five stars) to really inexpensive and rather basic one-star accommodation. There are also boarding houses (**pensjonaty**), which are typically found in holiday resorts, as well as guest rooms (**pokoje gościnne**). The majority of boarding houses are half board, and breakfast is included in the price.

For guest rooms you need to check what's available when booking as some provide meals at an extra charge, some offer an equipped kitchen for guests' use and others let rooms only.

If you are looking for an inexpensive place to sleep, youth hostels (**schronisko młodzieżowe**) or campsites may be the solution. However, their location may not be very convenient and facilities may be limited. If you are travelling by car, you may want to stay overnight at one of the motels located on the roadside. They are usually cheaper than hotels and have restaurants. For a list of places to stay, see **www. visitpoland.org** or **www.limba. com**.

If you are interested in spending your holiday far away from the hustle and bustle of city life, then consider rural farms. You can either rent a room or a house, with or without food. The food, however, is the great advantage of such holidays: organic vegetables straight from the garden, fresh eggs and milk, and so on. See **www.agritourism.pl**.

self-catering

In cities like Warsaw or Kraków, renting a flat or a house is becoming more and more popular as it is usually cheaper than staying in a hotel. To rent

such properties you will need to go through a travel or estate agent.

In seaside and lakeside holiday resorts and in the mountains you can also rent a summer house.

camping

Campsites in Poland fall into three categories: category I usually have a restaurant and showers, while category III are quite basic. At some campsites (**kemping**), you can rent a summer house or a chalet; at others (**pole namiotowe**) you can only put up a tent. Campsites are usually beautifully situated – close to the sea or woodlands. In the cities, however, their location – usually in the outskirts – is less picturesque.

children

Most hotels welcome children and offer a reduced price for their stay. Some do not charge for children up to the age of three at all. It is best to ask about this when making a reservation. Sometimes children may also stay at hotels free of charge if they share a room with their parents. Most hotels are used to such situations and may even offer you a folding bed at no extra cost.

In guest rooms or boarding houses you are usually charged for a bed, so be prepared to pay the full amount for a small child. However, it is always worth asking about any discounts when making a reservation.

phrasemaker

finding a place

you may say ...

Is there ... near here?	Czy jest tu blisko ...?	*chi yest too bleesko ...*
a hotel	hotel	*hotel*
a campsite	pole namiotowe/ kemping	*pole namiotove/ kempeeng*
Do you have a room available?	Czy jest wolny pokój?	*chi yest volni pokooy*
I'd like a room for ... (m/f)	Chciałbym/chciałabym pokój ...	*hchawbim/hchawabim pokooy*
tonight.	na dzisiejszą noc.	*na djeesheyshow nots*
three nights.	na trzy noce.	*na tshi notse*
a week.	na tydzień.	*na tidjen*
a weekend.	na weekend.	*na weekend*
four people.	dla czterech osób.	*dla chtereh osoop*
two adults and two children.	dla dwojga dorosłych i dwójki dzieci.	*dla dvoyga doroswih ee dvooykee djechi*
a ... room	pokój ...	*pokooy*
single	jednoosobowy	*yedno-osobovi*
double	dwuosobowy	*dwoo-osobovi*
family	rodzinny	*rodjeenni*
May I see the room?	Czy mogę obejrzeć pokój?	*chi moge obeyzhech pokooy*
How much is it per night?	Ile kosztuje nocleg?	*eele koshtooye notsleg*
Do you have anything cheaper?	Czy jest coś tańszego?	*chi yest tsosh tanshego*
Is there ...	Czy jest ...	*chi yest*
a reduction for children?	zniżka dla dzieci?	*zneeshka dla djechee*
a single supplement?	dopłata za jedynkę?	*dopwata za yedinke*
I'll think about it.	Muszę to przemyśleć.	*mooshe to pshemishlech*
Okay, I'll take it.	W porządku, biorę.	*fpozhontkoo byore*

you may hear ...

Na ile nocy?	*na eele notsi*	For how many nights?
Dla ilu osób?	*dla eeloo osoop*	For how many people?
Niestety nie mamy wolnych pokoi.	*niesteti nie mami volnih poko-ee*	Sorry, we're full.
Mamy wolny pokój.	*mami volni pokooy*	We have a vacant room.
Dwieście złotych ... od osoby. za pokój.	*dvieshche zwotih ot osobi za pokooy*	It's 200 zloty ... per person. per room.
Zniżka na dzieci pięćdziesiąt procent.	*zneeshka na djechee piendjeshont protsent*	Children are half price.
z niepełnym/pełnym wyżywieniem	*s niepewnim/pewnim vizhivieniem*	half/full board

facilities

you may say ...

I'd like a room with a ... (m/f) bathroom. shower.	Chciałbym/chciałabym pokój z ... łazienką. prysznicem.	*hchawbim/hchawabim pokooy s wazhenkow prishneetsem*
Do you have a room on the ground floor?	Czy jest pokój na parterze?	*chi yest pokooy na partezhe*
Is there ... a minibar? a cot?	Czy jest ... barek? łóżeczko dla dziecka?	*chi yest barek woozhechko dla djetska*
an iron? room service? an internet connection? air-conditioning?	żelazko? room service? dostęp do internetu? klimatyzacja?	*zhelasko room servees dostemp do eenternetoo kleematizatsya*
Is breakfast included?	Czy śniadanie jest wliczone?	*chi shniadanie yest vleechone*

| Śniadanie (nie) jest wliczone. | *shniadanie (nie) yest vleechone* | Breakfast is (not) included. |
| Podatek jest wliczony. | *podatek yest vleechoni* | All taxes are included. |

check out 1

You want to find out if a hotel has a room available.

○ Dzień dobry. Czy jest wolny pokój?
djen dobri. chi yest volni pokooy

- Dla ilu osób?
dla eeloo osoop

○ Dla dwóch.
dla dvooh

- Na ile nocy?
na eele notsi

○ Na dzisiejszą noc.
na djeesheyshow nots

- Mamy wolny pokój.
mami volni pokooy

○ Ile kosztuje nocleg?
eele koshtooye notsleg

- Dwieście złotych za pokój.
dvieshche zwotih za pokooy

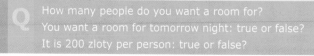

Q How many people do you want a room for?
You want a room for tomorrow night: true or false?
It is 200 zloty per person: true or false?

checking in
you may say ...

I have a reservation.	Mam rezerwację.	*mam reservatsye*
My surname is ...	Nazywam się ...	*nazivam she*
What floor is it on?	Które to piętro?	*ktoore to pientro*
Where can I/we park?	Gdzie mogę/możemy zaparkować?	*gdje moge/mozhemi zaparkovach*
What time is breakfast?	O której jest śniadanie?	*o ktoorey yest shniadanie*
Where is the restaurant?	Gdzie jest restauracja?	*gdje yest resta-ooratsya*

you may hear ...

Pana/pani nazwisko/ passport?	*pana/panee nazveesko/pashport*	Your surname/ passport, please. (m/f)
Jaki jest numer rejestracyjny pana/pani samochodu?	*yakee yest noomer reyestratsiyni pana/ panee samohodoo*	What's your car's registration number? (m/f)
Pokój numer dwadzieścia cztery.	*pokooy noomer dvadjeshcha chteri*	It's room number 24.
na ...	*na*	on the ...
parterze	*partezhe*	ground floor
pierwszym piętrze	*pierfshim pientshe*	first floor
drugim piętrze	*droogeem pientshe*	second floor
Śniadanie podajemy od siódmej do ósmej trzydzieści.	*shniadanie podayemi ot shoodmey do oosmey tshidjeshchi*	Breakfast is from 7am to 8.30am.
Proszę klucz.	*proshe klooch*	Here's the key.

check out 2

You arrive at the hotel with a reservation.

○ Dzień dobry. Mam rezerwację.
   djen dobri. mam rezervatsye

– Pana nazwisko?
   pana nazveesko

○ Nazywam się Green.
   nazivam she green

– Proszę pana paszport ... Proszę klucz. Pokój numer siedemnaście.
   proshe pana pashport. proshe klooch. pokooy noomer shedemnashche

○– Które to piętro?
   ktoore to pientro

○ Czwarte.
   chfarte

Q What does the receptionist ask for?
What floor is the room on?

asking for help
you may say ...

Could I have an alarm call at ...	Czy mogę zamówić budzenie o ...?	*chi moge zamooveech boodzenie o*
6 o'clock?	szóstej?	*shoostey*
7.30?	siódmej trzydzieści?	*shoodmey tshidjeshchee*
Could you order me a taxi? (m/f)	Czy może pan/pani zamówić mi taksówkę?	*chi moze pan/ panee zamooveech mee taksoofke*
Have you got ...	Czy macie ...	*chi mache*
a safe deposit box?	sejf?	*seyf*
a map of the town?	plan miasta?	*plan miasta*

Could I have ... please?	Czy mogę prosić o ...	*chi **moge prosheech** o*
the key	klucz?	*klooch*
another towel	dodatkowy ręcznik?	*dodatkovi renchneek*
another pillow	dodatkową poduszkę?	*dodatkovow podooshke*
How do you work the ...	Jak działa ...	*yak djawa*
fan?	wiatrak?	*viatrak*
telephone?	telefon?	*telefon*
blind?	roleta?	*roleta*
There's a problem with ...	Jest problem z ...	*yest problem s*
the shower.	prysznicem.	*prishneetsem*
the lamp.	lampą.	*lampom*
The ... isn't working.	Nie działa ...	*nie djawa*
television	telewizor.	*televeezor*
air conditioning	klimatyzacja.	*kleematizatsya*
The room's very cold/hot.	W pokoju jest bardzo zimno/gorąco.	*fpokoyoo yest bardzo zeemno/gorontso*
There's no ...	Nie ma ...	*nie ma*
toilet paper.	papieru toaletowego.	*papieroo to-aletovego*
(hot) water.	(ciepłej) wody.	*(chepwey) vodi*
There are no...	Nie ma ...	*nie ma*
hangers.	wieszaków.	*vieshakoof*
blankets.	kocy.	*kotsi*
... is dirty.	... jest brudna.	*yest broodna*
The toilet	Toaleta ...	*to-aleta*
The bathroom	Łazienka ...	*wazhenka*
It's very noisy.	Jest bardzo głośno.	*yest bardzo gwoshno*

you may hear ...

Proszę nacisnąć ten guzik.	*proshe nacheesnonch ten goozeek*	You press this button.
Przyślę kogoś.	*pshishle kogosh*	I'll send somebody.

checking out

you may say ...

I'd like to pay the bill. (m/f)	Chciałbym/chciałabym zapłacić rachunek.	*hchawbim/hchawabim zapwacheech rahoonek*
by credit card/with cash	kartą kredytową/ gotówką	*kartow kreditovow/ gotoofkow*

you may hear ...

Numer pokoju?	*noomer pokoyoo*	What room number?
Klucz proszę.	*klooch proshe*	The key, please.
Jak chce pan/pani zapłacić?	*yak htse pan/panee zapwacheech*	How are you paying? (m/f)
Proszę tu podpisać.	*proshe too potpeesach*	Sign here.
Proszę wprowadzić PIN.	*proshe fprovadjeech peen*	Enter your PIN, please.

at the campsite

you may say ...

How much is it per night?	Ile kosztuje nocleg?	*eele koshtooye notsleg*
Where is ... the electricity?	Gdzie jest ... prąd?	*gdje yest pront*
Where are ... the showers? the dustbins?	Gdzie są ... prysznice? pojemniki na śmieci?	*gdje sow prishneetse poyemneekee na shmiechee*
Can I/we hire ... a tent? a blanket?	Czy można wypożyczyć ... namiot? koc?	*chi mozhna vipozhichich namiot kots*

you may hear ...

Opłata za kemping wynosi ...	*opwata za kemping vinoshee*	The camper's fee is ...

check out 3

You arrive at a campsite and ask about the cost of a pitch.

○ Dzień dobry. Ile kosztuje nocleg?
*djen **do**bri. **ee**le kosh**too**ye **no**tsleg*

- Opłata wynosi dwadzieścia złotych za noc.
*op**wa**ta vi**no**shee dva**dje**shcha **zwo**tih za nots*

○ Czy można wypożyczyć namiot?
*chi **mo**zhna vipo**zhi**chich **na**miot*

- Niestety nie.
*nie**ste**ti nie*

Q What do you want to hire?
Is the price per person or per night?

self-catering & youth hostels

you may say ...

I'd like to rent ... (m/f)	Chciałbym/chciałabym wynająć ...	*hchawbim/hchawabim vinayonch*
a flat/an apartment.	mieszkanie/ apartament.	*mieshkanie/ apartament*
a house.	dom.	*dom*
Are there any additional costs?	Czy są jakieś dodatkowe koszty?	*chi sow yakiesh dodatkove koshti*
Can I hire ...	Czy mogę wypożyczyć ...	*chi moge vipozhichich*
a sleeping bag?	śpiwór?	*shpeevoor*
some sheets?	kilka prześcieradeł?	*keelka psheshcheradew*
How does the heating/cooker work?	Jak działa ogrzewanie/ kuchenka?	*yak djawa ogzhevanie/ koohenka*

Is the ... suitable for a wheelchair?	Czy... jest przystosowane dla wózków inwalidzkich?	*chi ... yest pshistosovane dla vooskoof eenvaleetskih*
flat	mieszkanie	*mieshkanie*
hostel	schronisko	*shroneesko*
Where is the ...	Gdzie jest ...	*gdje yest*
nearest supermarket?	najbliższy supermarket?	*naybleeshshi soopermarket*
nearest baker's?	najbliższa piekarnia?	*naybleeshsha piekarnia*

you may hear ...

| To działa w ten sposób. | *to djawa f ten sposoop* | It works like this. |
| Mieszkanie/dom jest w pełni wyposażone/y*. | *mieshkanie/dom yest fpewnee viposazhone/i* | The flat/house is fully equipped. |

(*For more on which ending to use, see 'adjectives' in the Language Builder, p133.)

sound check

Most Polish consonants sound similar to English. There are a few exceptions though, which you should be aware of. We have already mentioned **c**; other consonants in that group are **j**, **ł** and **w**.

j sounds like the 'y' in 'yes'
jest *yest*   restauracja *resta-ooratsya*

ł sounds like the 'w' in 'window'
łazienka *wazhenka*   zasłona *zaswona*

w* sounds like the 'v' in 'violet'
wynająć *vinayonch*   telewizor *televeezor*

(*The pronunciation of **w** changes when it appears at the end of a word, see p126.)

try it out

match it up
Match the beginning and ending of these sentences:

1	Czy jest	**a**	nocleg?
2	Jaki jest numer rejestracyjny	**b**	za gorąco.
3	Ile kosztuje	**c**	wolny pokój?
4	W pokoju jest	**d**	dodatkowe koszty?
5	Czy są jakieś	**e**	pani samochodu?

in the mix
Unscramble the words in the questions below.

1 Czy jest PĘDSOT do internetu?
2 Jak działa LNEETFO?
3 Czy może pani zamówić mi KSTAÓWKĘ?
4 O której jest NIEDAŚNIA?
5 Czy jest ŻKAZNI dla dziecka?

to let
Look at the following advertisement for a flat to let and work out how long it is available for and what facilities there are:

Apartament do wynajęcia! Na tydzień. Centralne ogrzewanie, kuchenka i prysznic.Tel. 513970056

as if you were there

You're looking for a room for two adults. Follow the prompts to take part in the conversation.

(Say good evening, and say you would like a double room)

Na ile nocy?

(Say for three nights)

Z prysznicem czy z łazienką?

(Say with a shower, please. Ask how much it is)

Sto pięćdziesiąt złotych za noc.

(Ask if breakfast is included)

Tak. Śniadanie podajemy od siódmej do dziewiątej trzydzieści.

linkup

<table>
<tr><td rowspan="8">key phrases</td><td>Czy jest pokój dwuosobowy?</td><td>Do you have a double room?</td></tr>
<tr><td>Chciałbym/chciałabym pokój z łazienką.</td><td>I'd like a room with a bathroom. (m/f)</td></tr>
<tr><td>Czy można wypożyczyć namiot?</td><td>Can I hire a tent?</td></tr>
<tr><td>Mam rezerwację</td><td>I have a reservation.</td></tr>
<tr><td>Telewizor nie działa.</td><td>The television isn't working.</td></tr>
<tr><td>Nie ma wieszaków.</td><td>There are no hangers.</td></tr>
<tr><td>O której jest śniadanie?</td><td>What time is breakfast?</td></tr>
</table>

nouns

All nouns in Polish have a gender: masculine, feminine or neuter (neither masculine nor feminine).

Most nouns ending in a consonant are masculine (pan, samochód, pokój), although there are some exceptions ending in –a, e.g. kierowca driver, poeta poet.

Most feminine nouns end in –a (winda, żona), but some end in –i (pani) and some in a consonant (miłość love).

Neuter nouns end in –o, –e, –ę (piętro, śniadanie, imię) or –um (muzeum).

plurals

Forming plurals is a little more complex in Polish than in English:

Masculine nouns can end in –e, –y, –i or –owie (pokoje, samochody, ręczniki, panowie).
Feminine nouns can end in –y, –e or –i (windy, żony, panie, miłości).
Neuter nouns end in –a (piętra, śniadania, imiona, muzea).

If you compare these plural forms with the singular forms above, you can see that there is no easy way to master the rule. Sometimes it is enough to change the last letter of the word (żona – żony), sometimes you need to add a different ending (pan – panowie) and sometimes the word in the plural has a slightly different form (pokój – pokoje, imię – imiona).

articles

There are no articles ('the', 'a', 'an') in Polish. Look at the examples below:

We have a vacant room. Mamy wolny pokój. (literally 'We have vacant room')
Is there a minibar? Czy jest barek? ('Is there minbar?')

Buying **Things**

Poland is a shopper's paradise. In every city you can find international supermarkets, department stores and huge shopping centres, and lots of small local shops.

practicalities

Opening times vary by location and type of shop, and tend to be longer in cities than in towns and villages. Supermarkets are usually open between 9am and 9pm, and grocery stores between 5 or 6am and 8 or 9pm (in cities some are open 24 hours a day). Other shops usually open at 10am and close at 6pm.

On Saturdays most places (apart from supermarkets and shopping centres) have shorter hours – generally 9am to 3pm. On Sundays local grocery shops tend to open, and off-licences, supermarkets and shopping centres are usually open between 10am and 8pm.

Most banks in Poland open between 8 and 9am and close at 6pm. On Saturday hours are shorter, usually 9am to 2pm. All banks are closed on Sunday.

All supermarkets and chain stores accept major credit and debit cards. However, there are still shops, especially local grocery shops, markets and shops in small towns and villages, where cash is the only accepted method of payment.

markets

At Polish markets (**bazar** or **targ**) you can buy fresh organic fruit and vegetables, clothes, new and used CDs and lots more at very low prices. In most villages there is a special market day, which is usually a big event, and in towns and cities you can shop at markets every day exept Sunday.

souvenirs

The best places to buy souvenirs are the historical centres of the largest cities. They are full of galleries where you can buy

Polish craftwork and antiques. In the old town in Gdańsk there are lots of little shops offering beautiful amber jewellery, which can also be purchased in the **Sukiennice** (Cloth Hall) in Kraków. Here silver jewellery, dolls dressed in traditional folk costumes and other beautiful handmade goods are also sold.

Amber and shells are typical souvenirs of the Polish seaside, whilst in the south you will find things typical of the highland region: sheep fleeces, wooden walking sticks or **oscypek** cheese.

Every summer in Gdańsk **Jarmark Dominikanski**, a big event starting at the end of July and ending in mid-August, is held. There are many live performances and shows, and craftspeople and traders from throughout Poland set up stalls selling almost everything: beautifully carved wooden chess sets, clothes and jewellery.

buying food

The easiest way of buying food is in a supermarket, but many Polish people still buy their groceries in small local shops. The prices should be displayed and are non-negotiable. The place where you *can* haggle, though not always successfully, is the market. This is the best place to buy fresh fruit and vegetables.

medicines & toiletries

In Poland medicines and toiletries are sold in separate shops. To buy medicines you would need to visit an **apteka**, and for toiletries and cosmetics a **drogeria**.

phrasemaker

general phrases

you may say ...

Do you have any bread?	Czy jest chleb?	*chi yest hlep*
Do you have any stamps?	Czy są znaczki?	*chi sow znachkee*
How much is it?	Ile to kosztuje?	*eele to koshtooye*
How much is it? (in total)	Ile płacę?	*eele pwatse*
I'd like ... please.	Poproszę ...	*poproshe*
this one/that one*	to/tamto	*to/tamto*
That's all.	To wszystko.	*to fshistko*
Can I pay by card?	Czy mogę zapłacić kartą?	*chi moge zapwachich kartow*
Could I have a bag, please?	Czy mogę prosić o reklamówkę?	*chi moge proshich o reklamoofke*

you may hear ...

Podać coś?/Proszę!/Czy mogę w czymś pomóc?	*podach tsosh/proshe/ chi moge fchimsh pomoots*	Can I help you?
Ile pan/pani chce?	*eele pan/panee htse*	How much/many do you want? (m/f)
Proszę bardzo.	*proshe bardzo*	Here you are.
Coś jeszcze?	*tsosh yeshche*	Anything else?
Czy to wszystko?	*chi to fshistko*	Is that all?
po ... złotych/złote	*po ... zwotih/zwote*	... zloty each
Razem... złotych/złote.	*razem ... zwotih/ zwote*	That's ... zloty (altogether).
Proszę wprowadzić PIN.	*proshe fprovadjeech peen*	Enter your PIN.
Czy mam to zapakować na prezent?	*chi mam to zapakovach na prezent*	Would you like it gift-wrapped?

Buying **Things**

Niestety, nie.	*niesteti nie*	Unfortunately not.
Tylko gotówka.	*tilko gotoofka*	Cash only.

(*For more about 'this/that', see the Language Builder, p136.)

shops

bakery	piekarnia	*piekarnia*
butcher's	mięsny	*miensni*
cake shop	cukiernia	*tsookiernia*
off-licence	monopolowy	*monopolovi*
delicatessen	delikatesy	*deleekatesi*
greengrocer	warzywniak	*vazhivniak*
grocer's	spożywczy	*spozhivchi*
market	targ/bazar	*tark, bazar*
newsagent's	kiosk/ruch/trafika	*kiosk/rooh/trafeeka*
photographer's	fotograf	*fotograf*
shopping centre	centrum handlowe	*tsentroom handlove*

quantities

How much is it/are they a kilo?	Ile kosztuje kilogram?	*eele koshtooye keelogram*
100 grammes	sto gramów	*sto gramoof*
(half) a kilo of cheese	(pół) kilo sera	*(poow) keelo sera*
a litre	litr	*leetr*
half a litre of vodka	pół litra wódki	*poow leetra voodkee*
another	jeszcze jeden	*yeshche yeden*
a quarter	ćwierć	*chfierch*
a third	jedna trzecia	*yedna tshecha*
a little bit	troszkę	*troshke*
a bit more/less	trochę więcej/mniej	*trohe vientsey/mniey*
Could I have another?	Czy mogę prosić o jeszcze jedno?	*chi moge prosheech o yeshche yedno*
a slice of ...	plasterek ...	*plasterek*

10 slices of ham	dziesięć plasterków szynki	*dje*shench plasterkoof shinkee
a piece of ...	kawałek ...	*kava*wek
a bottle of ...	butelka ...	*boo*telka
a jar of ...	słoik ...	*swo*-eek
a packet of ...	paczka ...	*pa*chka
a tin of ...	puszka ...	*poo*shka
a carton of milk	karton mleka	*kar*ton *mle*ka

check out 1

You're at the delicatessen buying some ingredients for a picnic.

○ Dzień dobry. Podać coś?
djen dobri. podach tsosh

- Dzień dobry. Czy jest chleb?
djen dobri. chi yest hleb

○ Tak. Podać?
tak. podach

- Tak, jeden proszę.
tak. yeden proshe

○ Coś jeszcze?
tsosh yeshche

- Proszę piętnaście plasterków szynki i ćwierć kilo sera ... Ile płacę?
proshe pientnashche plasterkoof shinki ee chfierch keelo sera ... eele pwatse

○ Dwadzieścia cztery złote i pięćdziesiąt siedem groszy.
dvadjeshcha chteri zwote ee pienchdjeshont shedem groshi

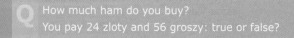

Q How much ham do you buy?
You pay 24 zloty and 56 groszy: true or false?

58

fruit & vegetables

apple	jabłko	*yapko*
apricot	morela	*morela*
avocado	awokado	*avokado*
banana	banan	*banan*
beans	fasola	*fasola*
broccoli	brokuły	*brokoowi*
cabbage	kapusta	*kapoosta*
carrot	marchew	*marhef*
cauliflower	kalafior	*kalafior*
cherries	czereśnie	*chereshnie*
courgette	cukinia	*tsookeenia*
cucumber	ogórek	*ogoorek*
grapes	winogrona	*veenogrona*
lettuce	sałata	*sawata*
melon	melon	*melon*
mushroom	pieczarka	*piecharka*
nectarine	nektarynka	*nektarinka*
onion	cebula	*tseboola*
orange	pomarańcza	*pomarancha*
peach	brzoskwinia	*bzhoskfeenia*
pear	gruszka	*grooshka*
(red/green) pepper	(czerwona/zielona) papryka	*(chervona/zhelona) paprika*
pineapple	ananas	*ananas*
plum	śliwka	*shleefka*
potato	ziemniak	*zhemniak*
raspberries	maliny	*maleeni*
strawberries	truskawki	*trooskafkee*
tomato	pomidor	*pomeedor*

check out 2

You now need some fruit to complete your feast.

○ Czy są brzoskwinie?
*chi sow bzhosk**fee**nie*

- Tak. Po dwa złote. Podać?
*tak. po dva **zwo**te. **po**dach*

○ Tak. Proszę trzy.
*tak. **pro**she tshi*

- Coś jeszcze?
*tsosh **ye**shche*

○ Tak. Kilo bananów proszę.
*tak. **kee**lo ba**na**noof **pro**she*

- Trochę więcej?
*tro**he vie**ntsey*

○ Tak, proshe. To wszystko. Czy mogę zapłacić kartą?
*tak **pro**she. to f**shi**stko. Chi **mo**ge zap**wa**cheech **ka**rtow*

- Niestety, nie. Tylko gotówką.
*nie**ste**ti nie. **ti**lko go**too**fkow*

Q
What fruit do you buy?
Does the shop assistant offer you a bit more or a bit less than a kilo?
Can you pay by card in this shop?

fish & meat

beef	wołowina	*vowoveena*
chicken	kurczak	*koorchak*
fish	ryba	*riba*
ham	szynka	*shinka*
lamb	jagnięcina/baranina	*yagniencheena/ baraneena*
pork	wieprzowina	*viepshoveena*
salmon	łosoś	*wososh*
tuna	tuńczyk	*toonchik*

groceries

bread	chleb	*hlep*
butter	masło	*maswo*
cheese	ser	*ser*
eggs	jajka	*yayka*
milk	mleko	*mleko*
mineral water	woda mineralna	*voda meeneralna*
orange juice	sok pomarańczowy	*sok pomaranchovi*
washing powder	proszek do prania	*proshek do prania*
washing-up liquid	płyn do naczyń	*pwin do nachin*

buying clothes
you may say …

I'd like to buy … (m/f)	Chciałbym/chciałabym kupić…	*hchawbim/hchawabim koopeech*
a skirt.	spódnicę.	*spoodneetse*
a pair of trousers.	spodnie.	*spodnie*
in cotton/silk	z bawełny/jedwabiu	*s bavewni yedvabioo*
in leather	ze skóry	*ze skoori*
small/medium/large	eska/emka/elka	*eska/emka/elka*
I'm a size (40).	Noszę rozmiar (czterdzieści).	*noshe rozmiar (chterdjeshchee)*

Can I try it on?	Czy mogę to przymierzyć?	*chi moge to pshimiezhich*
It's too tight/large.	Jest za ciasne/duże.	*yest za chasne/doozhe*
It's too expensive.	To za drogo.	*to za drogo*
Do you have anything ...	Czy jest coś ...	*chi yest tsosh*
smaller?	mniejszego?	*mnieyshego*
bigger?	większego?	*vienkshego*
cheaper?	tańszego?	*tanshego*
Do you have the same in ...	Czy jest takie samo w ...	*chi yest takie samo f*
yellow?	kolorze żółtym?	*kolozhe zhoowtim*
red?	kolorze czerwonym?	*kolozhe chervonim*
I (don't) like it.	(Nie) podoba mi się.	*(nie) podoba mee she*
It fits/doesn't fit.	Pasuje/Nie pasuje.	*pasooye/nie pasooye*
I'll take it.	Biorę (to).	*biore (to)*

you may hear ...

Jaki rozmiar?	*yakee rozmiar*	What size (clothes)?
Jaki numer buta?	*yakee noomer boota*	What size (shoes)?
Jaki kolor?	*yakee kolor*	What colour?
Podoba się panu/pani?	*podoba she panool/panee*	Do you like it? (m/f)
Zaraz przyniosę.	*zaraz pshiniose*	I'll get you one.

clothes & accessories

(hand) bag	torebka	*torepka*
belt	pasek	*pasek*
blouse	bluzka	*blooska*
boots	botki	*botkee*
coat	płaszcz	*pwashch*
dress	sukienka	*sookienka*
earrings	kolczyki	*kolchikee*
gloves	rękawiczki	*renkaveechkee*
jacket	kurtka/żakiet	*koortka/zhakiet*

Buying **Things**

jumper	sweter	*sfeter*
necklace	naszyjnik	*nashiyneek*
ring	pierścionek	*piershchonek*
scarf	szalik	*shaleek*
shirt	koszula	*koshoola*
shoes	buty	*booti*
skirt	spódnica	*spoodneetsa*
socks	skarpety	*skarpeti*
swimming costume/ trunks	kostium kąpielowy/ kąpielówki	*kostyoom kompielovi/ kompieloofkee*
tie	krawat	*kravat*
trainers	buty sportowe	*booti sportove*
watch	zegarek	*zegarek*

check out 3

You want to try on a shirt.

○ Czy mogę w czymś pomóc?
chi moge f chimsh pomoots

- Tak. Czy mogę przymierzyć tę koszulę?
tak. chi moge pshimiezhich te koshoole

○ Proszę bardzo.
proshe bardzo

- Podoba się panu?
podoba she panoo

○ Jest za ciasna. Czy jest coś większego?
yest za chasna. chi yest tsosh vienkshego

- Tak. Zaraz przyniosę.
tak. zaras pshiniose

○ Pasuje. Biorę.
pasooye. biore

Q What was the problem with the shirt?
Did you decide to buy a shirt?

colours

black	czarny	*charni*
blue	niebieski	*niebieskee*
brown	brązowy	*bronzovi*
green	zielony	*zieloni*
grey	szary	*shari*
red	czerwony	*chervoni*
white	biały	*biawi*
yellow	żółty	*zhoowti*

at the department store

you may say ...

Where's the ... department?	Gdzie jest stoisko ...	*gdje yest sto-eesko*
women's	damskie?	*damskie*
men's	męskie?	*menskie*
Where can I find ...	Gdzie mogę znaleźć ...	*gdje moge znalezhch*
perfume?	perfumy?	*perfoomi*
leather goods?	wyroby ze skóry?	*virobi ze skoori*
Is there a lift (here)?	Czy (tu) jest winda?	*chi (too) yest veenda*
Is there an escalator (here)?	Czy (tu) są ruchome schody?	*chi (too) sow roohome shodi*
Where are the checkouts?	Gdzie są kasy?	*gdje sow kasi*

you may hear ...

w podziemiach	*f podziemiah*	in the basement
na parterze	*na partezhe*	on the ground floor
na ... piętrze	*na ... pientshe*	on the ... floor
pierwszym	*pierfshim*	first
drugim	*droogeem*	second
Proszę iść w tamtą stronę./Proszę iść tam.	*proshe eeshch ftamtow strone/proshe eeshch tam*	It's that way.

at the post office

you may say …

How much is a stamp for the UK?	Ile kosztuje znaczek do Anglii?	*eele koshtooye znachek do anglee*
for a letter/postcard	na list/kartkę pocztową	*na leest/kartke pochtovow*
Three stamps, please.	Trzy znaczki proszę.	*tshi znachkee proshe*
I'd like to send this to Australia. (m/f)	Chciałbym/chciałabym wysłać to do Australii.	*hchawbim/hchawabim viswach to do a-oostralee*

at the newsagent's

you may say …

Do you have a guidebook?	Czy jest przewodnik?	*chi yest pshevodneek*
Do you have English newspapers?	Czy są angielskie gazety?	*chi sow angielskie gazeti*
I'd like a phone card.	Proszę kartę telefoniczną.	*proshe karte telefoneechnow*

photography

you may say …

Can you develop this? (m/f)	Czy może pan/pani to wywołać?	*chi mozhe pan/panee to vivowach*
Can you put them on a disc?	Czy można to nagrać na płytę?	*chi mozhna to nagrach na pwite*

When will it be ready?	Kiedy to będzie gotowe?	*kiedi to bendje gotove*
I have a digital camera.	Mam aparat cyfrowy.	*mam aparat tsifrovi*
disposable camera	aparat jednorazowy	*aparat yednorazovi*

Na kiedy mają być gotowe?	*na kiedi mayow bich gotove*	When do you want them?
dzisiaj/jutro	*djeeshay/yootro*	today/tomorrow
za...	*za*	in ...
godzinę	*godjeene*	one hour
trzy dni	*tshi dnee*	three days
tydzień	*tidjen*	a week
Matowe czy z połyskiem?	*matove chi s powiskiem*	Matt or gloss (finish)?
Jaki format?	*yakee format*	What size?

sound check

Some Polish letters are marked with accents under or over them to indicate specific pronunciation.

ą can be pronounced in three ways depending on its position in the word and/or the following consonant:

similar to the 'on' in 'pond':
skąd *skont*　　oglądam *oglondam*

similar to the 'om' in 'tom':
bąbel *bombel*　　kąpielówki *kompieloofkee*

similar to the 'ow' in 'tow':
są *sow*　　pocztową *pochtovow*

ó has the same pronounciation as u:

spódnica *spoodneetsa*　　ze skóry *ze skoori*

try it out

odd one out

Find the odd one out in each of the word lists below.

1 wołowina	wieprzowina	jabłko	baranina
2 marchew	ryba	cebula	ziemniak
3 maliny	truskawki	winogrona	znaczki
4 spodnie	tuńczyk	kurtka	szalik
5 buty	sok pomarańczowy	mleko	woda mineralna
6 list	kartka pocztowa	znaczek	chleb

get it right!

Choose the correct word to complete the sentences.

1 Ile kosztuje **mapy/znaczek** na list do Anglii?
2 Gdzie jest **stoisko/kasy** damskie?
3 To jest za ciasne. Czy jest coś **mniejszego/większego**?
4 Proszę **kartę/przewodnik** telefoniczną.
5 Czy mogę zapłacić kartą? Niestety, nie. Tylko **gotówką/
  reklamówką**.

match it up

Match the items with the shops you can buy them in.

1 mięsny	**a**	kalafior
2 piekarnia	**b**	szynka
3 warzywniak	**c**	chleb
4 apteka	**d**	karta telefoniczna
5 kiosk	**e**	paracetamol

as if you were there

You are at the department store trying to buy a tie.

Dzień dobry. Czy mogę w czymś pomóc?
(Say yes. Say you would like a tie)

Jaki kolor?
(Say blue)
(The shop assistant shows you a blue tie; ask how much it is)
Sto złotych.
(Say it's too expensive. Ask if they have anything cheaper)
Tak. Zaraz przyniosę.
(after a while)
Ten krawat kosztuje pięćdziesiąt złotych.
(Say you like it. Say you'll take it)

linkup

Czy są znaczki?	**Do you have** any stamps?
Poproszę dwa kilo.	**I'd like** two kilos, please.
Gdzie jest stoisko papiernicze?	**Where's** the stationery department?
Ile kosztuje ta spódnica?/**ile kosztują** te buty?	**How much is** this skirt/**are** these shoes?
Podoba mi się ten T-shirt.	**I like** this T-shirt.
Czy jest coś tańszego/mniejszego?	**Do you have anything** cheaper/smaller?

key phrases

Buying **Things**

to like

There are two ways of saying 'to like' in Polish. You can use the verb podobać się ('to please'):

Podoba mi się ta spódnica. I like this skirt.
(Literally, 'This skirt is pleasing to me'.)
Podoba mi się ten garnitur. I like this suit.

For more than one thing you say:

Podobają mi się te buty. I like these shoes.
(Literally, 'These shoes are pleasing to me'.)
Podobają mi się tamte kolczyki. I like those earrings.

The other way of saying 'to like' is by using the verb lubić.

Lubię truskawki. I like strawberries.
Lubię sok pomarańczowy. I like orange juice.

negatives

To form a negative, simply put the word nie in front of the verb:

Nie podoba mi się ten T-shirt. I don't like this T-shirt.
Nie podobają mi się te spodnie. I don't like these trousers.

quantity

The word for 'how much' and 'how many' is the same in Polish – ile.

Ile nektarynek? How many nectarines?
Ile chlebów? How much bread?

Notice that after ile the words for 'nectarine' (nektarynka) and 'bread' (chleb) have different endings. The same happens when they follow an expression of quantity:

Kilo nektarynek. A kilo of nectarines.
Kromka chleba. A slice of bread.

For more on how nouns change their form, see 'cases' in the Language Builder, p130. ····⟫

Café **Life**

where to go

If you fancy a coffee or something sweet to eat, a **kawiarnia** (café) is the place to go. They are very popular in Poland, and you'll find stylish cafés serving all sorts of fancy desserts. Alternatively, pop into a cake shop (**cukiernia**), where you can try home-made pastries and gateaux. Most cake shops also serve home-made ice cream. Cafés tend to be open longer than in the UK, and in the summer most cafés and cake shops have outdoor seating.

Pubs are popular places for a sociable drink, and in the summer there are lots of beer gardens where you can enjoy draught beer al fresco.

what to drink

Most Polish people drink their tea black (often with a slice of lemon), so you'll need to specify if you want milk. You'll find coffee to suit all tastes in a **kawiarnia**, and you can also order a variety of soft drinks, as well as wine, liqueurs and beer.

phrasemaker

asking what there is

you may say ...

Do you have any apple juice?	Czy jest sok jabłkowy?	*chi yest sok yapkovi*
Do you have any sandwiches?	Czy są kanapki?	*chi sow kanapkee*
What do you have to eat/drink?	Co jest do jedzenia/picia?	*tso yest do yedzenia/peecha*
What kind of ... do you have?	Jakie są rodzaje ... ?	*yakie sow rodzaye ...*
cakes	ciast	*chast*
teas	herbat	*herbat*
ice creams	lodów	*lodoof*
What's in it?	Co w tym jest?	*tso ftim yest*
What would you recommend? (m/f)	Co pan/pani poleca?	*tso pan/panee poletsa*

you may hear ...

Co podać?/Tak, słucham?	*tso podach/tak swooham*	What can I get you?
Jest/są ...	*yest/sow*	There is/are ...
zielona herbata.	*zhelona herbata*	green tea.
orzeszki ziemne.	*ozheshkee zhemne*	peanuts.
chipsy.	*cheepsi*	crisps.
precle.	*pretsle*	pretzels.
Polecam ...	*poletsam*	I recommend ...

Mamy duży wybór ...	*ma*mi *doo*zhi *vi*boor	We have a wide choice of...
deserów.	de*se*roof	desserts.
naleśników.	nalesh*nee*koof	pancakes.
lodów.	*lo*doof	ice cream.
Niestety, nie podajemy...	nie*ste*ti nie poda*ye*mi	I'm sorry, we don't do ...
Niestety, nie ma ...	*Nie*steti nie ma	I'm sorry, we don't have ...
To wszystko?	to *fshi*stko	Is that all?
Coś jeszcze?	tsosh *yesh*che	Anything else?

ordering
you may say ...

I'd like to order something ... (m/f)	Chciałbym/chciałabym zamówić coś ...	*hcha*wbim/*hcha*wabim za*moo*veech tsosh
to drink.	do picia.	do *pee*cha
to eat.	do jedzenia.	do ye*dze*nia
I'd like ...	Poproszę ...	po*pro*she
a salad.	sałatkę.	sa*wa*tke
a pancake.	naleśnika.	nalesh*nee*ka
a beer.	piwo.	*pee*vo
a glass of (medium) dry wine	kieliszek wina (pół)wytrawnego	kie*lee*shek *vee*na (poow)vitrav*ne*go
a glass of ...	szklankę ...	*shkla*nke
sparkling water	wody gazowanej	*vo*di gazo*va*ney
still water	wody niegazowanej	*vo*di niegazo*va*ney
juice	soku	*so*koo

Café **Life**

a cup of ...	filiżankę ...	*feeleezhanke*
coffee	kawy	*kavi*
tea	herbaty	*herbati*
with/without sugar	z cukrem/bez cukru	*s tsookrem/bes tsookroo*
with/without milk	z mlekiem/bez mleka	*s mlekiem/bes mleka*
with/without ice	z lodem/bez lodu	*s lodem/bes lodoo*
with/without lemon	z cytryną/bez cytryny	*z tsitrinow/bes tsitrini*
two scoops of ...	dwie gałki lodów ...	*dvie gawkee lodoof*
pistachio ice cream	pistacjowych	*peestatsyovih*
vanilla ice cream	waniliowych	*vaniliovih*
another one	jeszcze jedno	*yeshche yedno*
That's all.	To wszystko.	*to fshistko*

you may hear ...

z lodem/z cytryną?	*z lodem/z tsitrinow*	With ice/lemon?
Gazowana czy niegazowana?	*gazovana chi niegazovana*	Fizzy or still?
Które?	*ktoore*	Which one?
Proszę zapłacić w kasie.	*proshe zapwacheech fkashe*	Please pay at the till.
Tu jest samoobsługa.	*too yest samo- opswooga*	It's self-service.
Już podaję!	*yoosh podaye*	Right away!

useful phrases
you may say ...

Where are the toilets please?	Przepraszam, gdzie są toalety?	*psheprasham gdje sow toaleti*
Could I have ...	Czy mogę prosić o ...	*chi moge prosheech o*
a straw?	słomkę?	*swomke*
an ashtray?	popielniczkę?	*popielneechke*
Is there a telephone?	Czy jest tu telefon?	*chi yest too telefon*
The bill, please.	Rachunek proszę.	*rahoonek proshe*

check out 1

You order something to eat in a café.

○ Przepraszam! Chciałbym zamówić coś do jedzenia.
  psheprasham! hchawbim zamooveech tsosh do yedzenia

- Tak, słucham?
  tak swooham

○ Co pani poleca?
  tso panee poletsa

- Mamy duży wybór naleśników i ciast.
  mami doozhi viboor naleshneekoof ee chast

○ Czy są kanapki?
  chi sow kanapkee

- Niestety nie podajemy kanapek.
  niesteti nie podayemi kanapek

○ Poproszę naleśnika.
  poproshe naleshneeka

Q They have a wide choice of pancakes and cakes: true or false?
They do sandwiches: true or false?
What do you order?

soft drinks

(soft) drinks	napoje (bezalkoholowe)	*napoye (bezalkoholove)*
alcohol-free beer	piwo bezalkoholowe	*peevo bezalkoholove*
(diet) cola	(dietetyczna) cola	*(dietetichna) kola*
iced ...	mrożona ...	*mrozhona*
coffee	kawa	* kava*
tea	herbata	* herbata*

Café **Life**

... juice	sok ...	*sok*
apple	jabłkowy	*yapkovi*
grape	winogronowy	*veenogronovi*
grapefruit	grejpfrutowy	*greypfrootovi*
orange	pomarańczowy	*pomaranchovi*
tomato	pomidorowy	*pomeedorovi*
lemonade	lemoniada	*lemoniada*
milkshake	koktajl mleczny	*koktayl mlechni*
... water	woda ...	*voda*
soda	sodowa	*sodova*
sparkling	gazowana	*gazovana*
still	niegazowana	*niegazovana*
tonic	tonik	*toneek*

alcoholic drinks

aperitif	aperitif	*apereeteef*
... beer	piwo ...	*peevo*
draught	z beczki	*z bechkee*
bottled	z butelki	*z bootelkee*
dark	ciemne	*chemne*
brandy	brandy	*brendi*
champagne	szampan	*shampan*
dry/sweet cider	wytrawny/słodki cydr	*vitravni/swotkee tsidr*
gin and tonic	dżin z tonikiem	*gin s toneekiem*
port	porto	*porto*
rum	rum	*room*
sherry	sherry	*sheri*
vodka	wódka	*vootka*
whisky	whisky	*whiski*
a bottle of ... wine	butelka .... wina	*bootelka ... veena*
house	stołowego	*stowovego*
red	czerwonego	*chervonego*
rosé	różowego	*roozhovego*
white	białego	*biawego*
half a bottle of dry/ sweet wine	pół butelki wytrawnego/słodkiego wina	*poow bootelkee vitravnego/swotkiego veena*

hot drinks

... coffee	kawa ...	*kava*
decaffeinated	bezkofeinowa	*beskofe-eenova*
filtered	z ekspresu	*z ekspresoo*
milky	z mlekiem	*z mlekiem*
strong	mocna	*motsna*
weak	słaba	*swaba*
hot chocolate	gorąca czekolada	*gorontsa chekolada*
tea ...	herbata ...	*herbata*
with lemon	z cytryną	*s tsitrinow*
with milk	z mlekiem	*s mlekiem*
... tea	... herbata	*herbata*
black	czarna	*charna*
herbal	ziołowa	*zhowova*
mint	miętowa	*mientova*

typical snacks

apple cake	szarlotka	*sharlotka*
a pancake with...	naleśnik z ...	*naleshneek s*
apples	jabłkami	*yapkamee*
cottage cheese	serem	*serem*
fruit	owocami	*ovotsamee*
doughnuts	pączki	*ponchkee*
fruit jelly (with whipped cream)	galaretka (z bitą śmietaną)	*galaretka s beetom shmietanow*
chocolate cake	tort czekoladowy	*tort chekoladovi*
cheesecake	sernik	*serneek*
meringue	beza	*beza*
meringue cake	tort bezowy	*tort bezovi*
... ice cream	lody ...	*lodi*
strawberry	truskawkowe	*trooskafkove*
vanilla	waniliowe	*vaneeliove*
chocolate	czekoladowe	*chekoladove*
salty sticks	słone paluszki	*swone palooshkee*
ice-cream sundae	deser lodowy	*deser lodovi*

Café **Life**

check out 2

You're at a café with some friends, ordering drinks for everyone.

○ Dzień dobry. Co podać?
*djen **do**bri. tso **po**dach*

- Poproszę dwie herbaty z mlekiem i jedną kawę z ekspresu.
*po**pro**she dvie her**ba**ti s m**le**kiem ee **ye**dnow **ka**ve z eks**pre**soo*

○ Kawa z mlekiem czy bez mleka?
*ka**va** s m**le**kiem chi bes m**le**ka*

- Z mlekiem.
*s m**le**kiem*

○ To wszystko?
*to f**shi**stko*

- Nie, poproszę trzy kieliszki porto. To wszystko.
*nie po**pro**she tshi kie**lee**shkee **po**rto. to f**shi**stko*

○ Dziękuję.
*djen**koo**ye*

Q You order two filtered coffees: true or false?
Do you want milk in your coffee?

sound check

ę has three different pronunciations depending on its position in the word:

like the 'e' in 'yes' when it appears at the end of the word
proszę *proshe*   się *she*

like the 'em' in 'hem' before 'b' and 'p'.
zęby *zembi*   tępy *tempi*

like the 'en' in 'tend' in all other positions:
miętowa *mientova*   tędy *tendi*

try it out

odd one out

Which of the following (a, b or c) cannot be used with each drink?

1 kawa ...
  a bezkofeinowa   **b** z ekspresu   **c** z cytryną

2 herbata ...
  a czarna   **b** z mlekiem   **c** z beczki

3 sok ...
  a pomarańczowy   **b** z mlekiem   **c** pomidorowy

4 woda ...
  a ciemne   **b** sodowa   **c** gazowana

5 piwo ...
  a z butelki   **b** z ekspresu   **c** z beczki

Café Life

waiter!

Look at the phrases below. Which of them would be used by a waiter and which by a customer?

1 Co podać?
2 To wszystko?
3 Czy są lody?
4 Poproszę tort czekoladowy.
5 Gazowana czy niegazowana?
6 Już podaję.
7 Czy mogę prosić o popielniczkę?
8 Niestety nie podajemy brandy.
9 Polecam sernik.
10 Rachunek proszę.

tasty treats

Which of the following cannot be found on a menu?

kanapki	telefon	szampan
kieliszek	sernik	popielniczka
sałatka	szarlotka	bita śmietana
rachunek	lody	filiżanka

as if you were there

Practise ordering drinks and snacks by taking part in the dialogue below.

Dzień dobry. Co podać?
(Ask if they have any apple pie)

Tak. Z bitą śmietaną i lodami?
(Say yes, please)

Coś do picia?
(Say you'd like a cola)

Z lodem? Z cytryną?
(Say with ice, no lemon please)

Już podaję!

linkup

Czy jest sok jabłkowy?	**Do you have** any apple juice?
Czy są kanapki?	**Do you have** any sandwiches?
Co jest do jedzenia?	**What*** do you have to eat?
Jakie są soki?	**What*** juices **do you have?**
Piwo z beczki **dla mnie**.	A draught beer **for me.**
Poproszę lody truskawkowe.	**I'd like** a strawberry ice cream.

*For more about which form of 'What?' to use, see the Language Builder, p137.

asking about availability

To find out if something is available you can ask these questions:

Czy jest sok pomidorowy? Is there/do you have any tomato juice?

Czy są naleśniki z owocami? Are there/do you have any pancakes with fruit?

Note that after 'is/are there', there is no need to use the word for 'any' in Polish.

saying 'of'

There is no literal translation of the word 'of' in Polish – for example, 'a glass of rum' would be kieliszek rumu (literally 'glass rum'). Instead, the ending of the second word changes.

If the second word is masculine, its ending changes to a -u or -a:

sok juice; szklanka sok**u** a glass of juice
sernik cheesecake; kawałek sernik**a** a piece of cheesecake

If it is feminine, its ending changes to -y or -i:

woda water; szklanka wod**y** a glass of water
wódka vodka; kieliszek wódk**i** a glass of vodka

And if it is neuter (neither masculine nor feminine), the ending changes to -a:

wino wine; butelka win**a** a bottle of wine

For more about the way that words change their endings, see 'cases' in the Language Builder, p130. ······▷

Eating **Out**

when to eat

Restaurants usually open around midday and stay open until late.

There are three meals in Poland: śniadanie (breakfast), obiad (the main meal, usually eaten between 2 and 6pm) and kolacja (supper).

Śniadanie is usually light and consists of bread or rolls with cheese, cottage cheese, ham or eggs.

Obiad often starts with soup, followed by a meat dish served with potatoes, pearl barley, dumplings or rice, and vegetables such as cabbage or beetroot. You may also be offered surówka or sałatka (salad). Deser (dessert) can be anything from ice cream to makowiec (poppy-seed cake) or piernik (ginger cake).

Kolacja is usually light, but expect a small feast if you are invited to someone's house for supper.

where to eat

There is a wide choice of restaurants (restauracja) offering traditional Polish food or international cuisine, such as Italian, Asian or Mexican. International fast food chains can also be found in Poland.

what to try

Polish cuisine is quite hearty. It's made up mainly of meat, vegetables and grains. Different regions of Poland have their specialities, which you should ask about when visiting the local restaurant.

The most popular soups are rosół (chicken broth), zupa pomidorowa (tomato soup), barszcz (beetroot soup) and żurek (fermented 'sour' soup with sausage).

Pork is the most common meat, but restaurants serve beef, poultry and game as well.

Traditional Polish dishes include kotlet schabowy (breaded pork chop, usually served with mashed potatoes and cabbage), gołąbki (cabbage leaves stuffed with rice or pearl barley and minced meat), bigos (hunter's stew) or pierogi (similar to Italian ravioli, usually stuffed with sauerkraut and mushrooms or with meat).

vegetarians

Most bars and restaurants offer meat-free dishes, and salad bars are becoming more and more popular. In cities like Warsaw or Kraków you will also find a few restaurants that specialise in vegetarian food.

children

Most restaurants do not have a special children's menu. It is also uncommon to find restaurants with highchairs.

phrasemaker

finding somewhere to eat
you may say ...

Is there a good restaurant nearby?	Czy jest tu blisko dobra restauracja?	*chi yest too bleesko dobra resta-ooratsya*
Can you recommend a traditional restaurant? (m/f)	Czy może pan/pani polecić tradycyjną restaurację?	*chi mozhe pan/ panee polecheech traditsiynow resta-ooratsye*
I'd like to book a table for ... (m/f)	Chciałbym/chciałabym zarezerwować stolik na ...	*hchawbim/hchawabim zarezervovach stoleek na*
tomorrow night.	jutro wieczorem.	*yootro viechorem*
8.30pm this evening.	ósmą trzydzieści dziś wieczorem.	*oosmow tshidjeshchi djeesh viechorem*
four people.	cztery osoby.	*chteri osobi*

arriving
you may say ...

Do you have a table for two people?	Czy jest wolny stolik dla dwóch osób?	*chi yest volni stoleek dla dvooh osoop*
I have a reservation for ... people.	Mam rezerwację dla ... osób.	*mam rezervatsye dla ... osoop*
three	trzech	*tsheh*
four	czterech	*chtereh*
five	pięciu	*pienchoo*
It's in the name of Carter.	Na nazwisko Carter.	*na nazveesko carter*
Do you have a highchair?	Czy są krzesełka dla dzieci?	*chi sow kshesewka dla djechee*

you may hear ...

Niestety, nie mamy dziś wolnych stolików.	*niesteti nie mami djeesh volnih stoleekoof*	Sorry, we're full for tonight.

Proszę przyjść za około pół godziny.	*proshe pshiyshch za okowo poow godjeeni*	Come back in about half an hour.
Trzeba poczekać.	*tsheba pochekach*	You'll have to wait.

asking about the menu
you may say ...

The menu, please.	Proszę o menu.	*proshe o menee*
Is there a set menu for today?	Czy jest zestaw dnia?	*chi yest zestaf dnia*
Have you got any pork?	Czy jest wieprzowina?	*chi yest viepshoveena*
Have you got any ... salad? seafood?	Czy ... są sałatki? są owoce morza?	*chi sow sawatkee sow ovotse mozha*
What do you recommend? (m/f)	Co pan/pani poleca?	*tso pan/panee poletsa*
What's the dish of the day?	Jakie jest danie dnia?	*yakie yest danie dnia*
What's 'pierogi'?	Co to 'pierogi'?	*tso to pierogee*
What's this/What is it?	Co to jest?	*tso to yest*
What's the regional speciality?	Jaka jest tu specjalność regionalna?	*yaka yest too spetsyalnoshch regionalna*
How is it cooked?	Jak to jest przyrządzane?	*yak to yest pshizhontsane*
Is it ... strong? spicy?	Czy to jest ... zdecydowane w smaku? ostre?	*chi to yest zdetsidovane fsmakoo ostre*
I'm allergic to ... dairy products. soya.	Mam uczulenie na ... produkty mleczne. soję.	*mam oochoolenie na prodookti mlechne soye*
Does it contain ... meat? nuts? wheat?	Czy to zawiera ... mięso? orzechy? pszenicę?	*chi to zaviera mienso ozhehi psheneetse*

I'm ...	Jestem ...	*yestem*
vegetarian. (m/f)	wegetarianinem/ wegetarianką.	*vegetarianeenem/ vegetariankow*
vegan. (m/f)	weganem/weganką.	*veganem/vegankow*

Co pan/pani sobie życzy?	*tso pan/panee sobie zhichi*	What would you like? (m/f)
Czy mogę przyjąć zamówienie?	*chi moge pshiyonch zamoovienie*	Can I take your order?
Dziś mamy ...	*djeesh mami*	Today, we have ...
Polecam ...	*poletsam*	I'd recommend ...
To jest ...	*to yest*	It's ...
duża ryba.	*doozha riba*	a large fish.
rodzaj zupy.	*rodzay zoopi*	a type of soup.

ordering
you may say ...

I'll have ...	Poproszę ...	*poproshe*
that.	to.	*to*
the 80-zloty menu.	zestaw za osiemdziesiąt złotych.	*zestaf za oshemdjeshont zwotih*
a stew.	gulasz.	*goolash*
as a ...	jako ...	*yako*
starter	przystawkę	*pshistafke*
main course	danie główne	*danie gwoovne*
Does it come with ...	Czy to jest podawane z ...	*chi to yest podavane s*
vegetables?	warzywami?	*vazhivamee*
potatoes?	ziemniakami?	*ziemniakamee*
without cabbage/garlic	bez kapusty/czosnku	*bes kapoosty/chosnkoo*
rare/medium/well-done	krwisty/średnio wysmażony/dobrze wysmażony	*krfeesti/shrednio vismazhoni/dobzhe vismazhoni*
No dessert/coffee.	Bez deseru/kawy.	*bes deseroo/kavi*

Coś do picia?	*tsosh do pee*cha	Anything to drink?
Jest zestaw surówek.	*yest ze*staf soo*roo*vek	There's a selection of salads.
Czy życzy sobie pan/ pani deser?	*chi zhi*chi *so*bie pan/ *pa*nee *de*ser	Would you like a dessert? (m/f)

check out 1

You're ordering a meal.

○ Czy mogę przyjąć zamówienie?
*chi mo*ge *pshi*yonch zamoo*vie*nie

- Tak. Co pani poleca?
*tak tso pa*nee po*le*tsa

○ Polecam zestaw dnia: zupa pomidorowa, kotlet schabowy, ziemniaki i kapusta.
*po*letsam *ze*staf dnia *zoo*pa pomeedo*ro*va, *ko*tlet sha*bo*vi, ziem*nia*kee ee ka*poo*sta

- Poproszę to. Bez kapusty.
*po*proshe to bes ka*poo*sti

○ Coś do picia?
*tsosh do pee*cha

- Wodę gazowaną proszę.
*vo*de gazo*va*now *pro*she

Q What does the waitress recommend?
What do you order to drink?

drinks

you may say ...

The drinks list, please.	Kartę napojów proszę.	*karte napoyoof proshe*
a ... of wine	... wina	*... veena*
bottle	butelkę	*bootelke*
half bottle	pół butelki	*poow bootelkee*
carafe	karafkę	*karafke*
a beer	piwo	*peevo*
mineral water	wodę mineralną	*vode meeneralnow*

(For more drinks, see pp74–76.)

during the meal

you may say ...

Excuse me!	Przepraszam!	*psheprasham*
I've been waiting half an hour!	Czekam już pół godziny!	*chekam yoosh poow godjeeni*
I didn't order ... (m/f)	Ja nie zamawiałem/ zamawiałam ...	*ya nie zamaviawem/ zamaviawahm*
this.	tego.	*tego*
the soup.	zupy.	*zoopi*
Another beer.	Jeszcze jedno piwo.	*yeshche yedno peevo*
Another bottle of wine.	Jeszcze jedną butelkę wina.	*yeshche yednow bootelke veena*
More bread, please.	Proszę więcej chleba.	*proshe vientsey hleba*
It's delicious.	To jest pyszne.	*to yest pishne*
It's ...	To jest ...	*to yest*
cold.	zimne.	*zheemne*
underdone.	niedogotowane.	*niedogotovane*
tough.	twarde.	*tfarde*
Where are the toilets?	Gdzie są toalety?	*gdje sow to-aleti*

you may hear ...

Dla kogo ryba/mięso z grilla?	*dla kogo riba/mienso z greela*	Who is this fish/ grilled meat for?

Eating **Out**

(Życzę) smacznego!	(*zhi*che) *smach*nego	Enjoy your meal!
Czy smakuje panu/pani?	*chi* sma*koo*ye *pa*noo/*pa*nee	Do you like it? (m/f)
Czy podać coś jeszcze?	*chi po*dach tsosh *ye*shche	Would you like anything else?
Jesteśmy bardzo zajęci.	*yes*teshmi *bar*dzo za*yen*chee	We're very busy.
Zaraz sprawdzę co z pana/pani zamówieniem.	*za*ras *sprav*dze tso z *pa*na/*pa*nee zamoo*vie*niem	I'll check your order. (m/f)
Zaraz wymienię.	*za*ras vi*mie*nie	I'll exchange it right away.

check out 2

Your meal isn't going smoothly at all ...

○ Przepraszam! Czekam już czterdzieści minut!
  pshe*pra*sham *che*kam joosh chter*dje*shchi *mee*noot

- Przepraszam. Jesteśmy bardzo zajęci. Zaraz sprawdzę co z pana zamówieniem.
  pshe*pra*sham *yes*teshmi *bar*dzo za*yen*chee. *za*ras *sprav*dze tso z *pa*na zamoo*vie*niem

  (After a while the waiter brings your food.)

- Dla kogo ryba z grilla? ... Życzę smacznego!
  dla *ko*go *ri*ba z *gri*la? *zhi*che *smach*nego

○ Dziękuję.
  djen*koo*ye

  (a moment later)

○ Ta ryba jest zimna!
  ta *ri*ba yest *zhee*mna

- Przepraszam! Zaraz wymienię.
  pshe*pra*sham! *za*ras vi*mie*nie

Q How long have you been waiting?
  What's the problem with the fish?

on your table

ashtray	popielniczka	*popielneechka*
cup	filiżanka	*feeleezhanka*
fork	widelec	*veedelets*
glass	szklanka	*shklanka*
(wine) glass	kieliszek	*kieleeshek*
knife	nóż	*noosh*
napkin	serwetka	*servetka*
pepper	pieprz	*piepsh*
plate	talerz	*talesh*
salt	sól	*sool*
(dessert) spoon	łyżeczka	*wizhechka*
(soup) spoon	łyżka	*wishka*
tablecloth	obrus	*obroos*

paying the bill

you may say ...

The bill, please.	Rachunek proszę.	*rahoonek proshe*
Do you take cards?	Czy można płacić kartą?	*chi mozhna pwacheech kartow*
There's a mistake, I think.	Tu chyba jest pomyłka.	*too hiba yest pomiwka*
We didn't have ... any beer. two desserts. starters.	Nie zamawialiśmy ... piwa. dwóch deserów. przystawek.	*nie zamavialeeshmi peeva dvooh deseroof pshistavek*

sound check

ś, ć, ź and ń are pronounced very softly (**si**, **ci**, **zi** and **ni** are pronounced in the same way):

ś and **si** are similar to the 's' in 'sugar'

dziś *djeesh*   coś *tsosh*   osiem *oshem*

ć and **ci** are similar to the 'ch' in 'cheese'

płacić *pwacheech* poczekać *pochekach*   macie *mache*

the closest English sound to ź and **zi** is the second 'g' in 'garage'

zimne *zheemne*   źle *zhle*   późno *poozhno*

ń and **ni** are similar to the 'n' in 'onion'

koń *kon*   popielniczka *popielneechka* dzień *djen*

try it out

get it right

Which of the responses best answers each question?

1 Czy jest wolny stolik dla dwóch osób?
- **a** Proszę o menu.
- **b** Trzeba poczekać.
- **c** Życzę smacznego.

2 Czy to jest podawane z warzywami?
- **a** Bez deseru.
- **b** Rachunek proszę.
- **c** Tak. Jest zestaw surówek.

3 Czy smakuje pani?
- **a** To jest pyszne!
- **b** Czekam już pół godziny!
- **c** Proszę gulasz.

4 Czy podać coś jeszcze?

   a Jestem wegetarianinem.

   b Chciałbym zarezerwować stolik.

   c Nie, dziękuję. Rachunek proszę.

menu mix-up

Put each of the dishes below under the right heading. (You can use the Menu Reader, pp95–99, to help you out.)

1 meat
2 fish and seafood
3 vegetables
4 soups
5 desserts and cakes

a barszcz   **g** rosół
b groszek   **h** dorsz
c kurczak   **i** lody
d małże   **j** wieprzowina
e sernik   **k** pomidor
f wołowina   **l** pstrąg

as if you were there

You're in a restaurant and the waiter comes to take your order. Follow the prompts below.

Czy mogę przyjąć zamówienie?
(Say yes. Ask if they have seafood)
Niestety, nie podajemy.
(Ask what the regional speciality is)
Żurek
(Ask what this is)
To rodzaj zupy.
(Say you'll have it)

linkup

Chciałbym/chciałabym zarezerwować stolik.	**I'd like** to book a table. (m/f)
Co to 'pierogi'?	**What's** 'pierogi'?
Poproszę kotlet schabowy.	**I'll have/I'd like** the breaded pork.
Kluski **dla mnie.**	The dumplings **for me.**
Więcej wody proszę.	**More** water, please.
Można prosić o rachunek?	**Can we** have the bill?
Jestem wegetarianinem/ wegetarianką.	**I'm** vegetarian. (m/f)

asking for things

If you want to order something, you can simply use the Polish for 'For me ...' (Dla mnie ...) followed by what you want:

Dla mnie frytki. Chips for me.

There are also several other ways of saying what you'd like:

Piwo, proszę. A beer, please.

Poproszę piwo. I'd like/I'll have a beer.

Chciałbym/chciałabym gulasz. I'd like a stew. (m/f)

adjectives

Adjectives (words that describe nouns), just like nouns in Polish, have different endings. The form of the adjective depends both on the gender (masculine, feminine or neuter) and the form – or 'case' – of the noun it is referring to*. For example:

zimny kotlet a cold chop
(the word for 'chop' – kotlet – is masculine)

zimna zupa a cold soup
(the word for 'soup' – zupa – is feminine)

zimne danie a cold dish
(the word for 'dish' – danie – is neuter)

Here are some more examples:

pyszny deser (m) a delicious dessert
pyszna ryba (f) delicious fish
pyszne wino (n) delicious wine

In the plural, all adjectives end in -e:

dobre frytki good chips
dobre lody good ice cream

except for those referring to men and people in general (e.g. a group of men and women):

dobrzy ludzie good people
przystojni kelnerzy handsome waiters

*For more about the different forms of nouns and adjectives, see the Language Builder, pp130–133. ┈┈⟩

courses

przystawki	starters
dania główne	main course
dania mięsne	meat dishes
dania bezmięsne/dania jarskie/ dania wegetariańskie	vegetarian dishes
ryby i owoce morza	fish and seafood dishes
warzywa	vegetables
zupy	soups
desery	desserts

main cooking styles

duszone	stewed
gotowane	boiled
gotowane na parze	steamed
mielone	minced
nadziewane	stuffed
pieczone	roast
saute	sautéd
smażone	fried
surowe	raw
świeże	fresh
według tradycyjnej receptury	according to a traditional recipe
wędzone	smoked
z grilla	grilled
z pieca	oven baked
z rożna	spit roasted

the menu

barszcz czerwony	beetroot soup
barszcz ukraiński	beetroot soup with vegetables
czernina	soup made from duck's blood
grochówka	pea soup
kapuśniak	sauerkraut soup
krupnik	pearl barley and potatoes in a meat stock
rosół	chicken broth
zupa	soup
cebulowa	onion
grzybowa	wild mushroom
jarzynowa	vegetable
ogórkowa	soured cucumber
pomidorowa	tomato
żurek	fermented soup with sausage
anchois	anchovies
bakłażan	aubergine
baranina	lamb
befsztyk	beefsteak
biały ser	cottage cheese
bigos	hunter's stew
brukselka	Brussels sprouts
cielęcina	veal
cukier	sugar
czosnek	garlic
dorsz	cod
drób	poultry
fasola szparagowa	string/runner beans
fasolka po bretońsku	beans cooked with sausage in a tomato sauce
figi	figs
frytki	chips
gęś	goose
gołąbki	cabbage leaves stuffed with rice and meat or mushrooms
groszek zielony	peas
grzyby	wild mushrooms
gulasz	stew

halibut	halibut
homar	lobster
indyk	turkey
jajecznica	scrambled eggs
jajka na miękko	soft-boiled eggs
jajka na twardo	hard-boiled eggs
jajka sadzone	fried eggs
kaczka	duck
z jabłkami	baked with apple
kapusta kiszona	sauerkraut
karp	carp
kasza gryczana	buckwheat
kasza jęczmienna	pearl barley
kaszanka	black pudding
kiełbasa	sausage
klopsy	meatballs
kluski/kopytka	dumplings
kotlet mielony	hamburger
kotlet schabowy	breaded pork chop
krab	crab
krewetki	prawns/shrimps
królik	rabbit
kurczak	chicken
łosoś	salmon
makaron	pasta/noodles
makrela	mackerel
małże	mussels
mięso	meat
migdały	almonds
miód	honey
mizeria	cucumber salad
musztarda	mustard
ocet	vinegar
ogórki konserwowe	pickled cucumbers
olej	oil
oliwki	olives
z orzechami	with nuts
orzechowy	hazelnut/walnut

ośmiornica	octopus
ostrygi	oysters
parówki	frankfurters/hot dog sausages
pasztet	paté
pieczywo	bread
pieprz	pepper
pierogi	similar to Italian ravioli, stuffed with ...
z mięsem	meat
z kapustą i grzybami	sauerkraut and mushrooms
z serem	cottage cheese (sweet)
ruskie	cottage cheese, potatoes and onion
pierś z kurczaka	chicken breast
pietruszka	parsnip
placek po węgiersku	potato pancakes with stew
placki ziemniaczane	potato pancakes
por	leek
pstrąg	trout
pulpety	meatballs
ryż	rice
sałatka	salad
schab pieczony ze śliwką	roast pork with prunes
ser	cheese
śledź	herring
w occie	in vinegar
w oleju	in oil
śliwki suszone	prunes
śmietana	cream
sola	sole
sos	sauce
chrzanowy	horseradish
grzybowy	wild mushroom
pieczarkowy	mushroom
koperkowy	dill
stek	steak
surówka	salad
z białej kapusty	white cabbage (coleslaw)
z czerwonej kapusty	red cabbage
szaszłyk	shish

sznycel	breaded pork chop
szparagi	asparagus
szynka	ham
tatar	raw minced steak
tost	toast
trufle	truffle
twaróg	cottage cheese
tuńczyk	tuna
wątróbka	liver
węgorz	eel
wieprzowina	pork
wołowina	beef
zając	hare
zrazy wołowe	rolled pieces of beef stuffed with sauerkraut and mushrooms, meat or streaky bacon and pickled cucumber
żeberka	ribs

(For more fruit and vegetables, see p59.)

desserts & cakes

biszkopt	sponge cake
z owocami i galaretką	with fruit and jelly
z kremem	with cream
ciastko z kremem	cream cake
keks	fruit cake
kompot	stewed fruit
krem	cream
waniliowy	vanilla
karmelowy	caramel
cytrynowy	lemon
makowiec	poppy-seed cake
piernik	ginger cake
sałatka owocowa	fruit salad
tort	cake
kawowy	coffee
orzechowy	walnut

(For more desserts, see p76; for a list of drinks, see pp74–76.)

Entertainment

finding out what's on

To find out what's on, visit the local tourist information office (Informacja Turystyczna) or PTTK (the Polish Tourist Organisation). The following websites all have information in English:

www.krakow.pl
www.e-warsaw.pl
www.wroclaw.pl
www.poznan.pl
www.torun.pl
www.gdansk.pl

museums

Admission is usually discounted for children and senior citizens and some museums do not charge at all on certain days. Most are closed on a Monday.

cinema

Most foreign films are shown in their original version with Polish subtitles, although children's films are usually dubbed.

music

Music fans will be spoilt for choice, with live performances of Chopin's works in his home town near Warsaw, monumental works at Teatr Wielki (The National Opera and Ballet in Warsaw), and folk music and dance from all over the world during the International Highland Folklore Festival in Zakopane.

sightseeing

Eleven places around Poland are on the UNESCO list of World Heritage Sites, including the historical centres of Warsaw, Toruń and Kraków, the castle of the Teutonic Order in Malbork and Auschwitz concentration camp.

The coast, in the north of the country, boasts beautiful sandy beaches, dunes and breathtaking sunsets. To the north-east is Mazury, the Polish lake district, and to the south the landscape is dominated by the mountains stretching along the border.

festivals

There are many international festivals in Poland, from the Kraków Jewish Culture Festival in June to the 'Jazz Jamboree' International Jazz Festival in Warsaw in October.

sports

Football is the most popular sport in Poland. Wisła Kraków, Legia Warszawa and Lech Poznań are the top football clubs.

Winter sports One of the largest FIS World Cup Ski Jumping Competitions is hosted in January in Zakopane (considered the winter capital of Poland). If you are feeling active, you will find many ski slopes and natural and artificial ice rinks. The sleigh rides (**kulig**) organised by highlanders are also worth a try.

Cycling Bikes hire is easily arranged. Cycle lanes in towns and cities are still not very common, but there are many beautiful routes in the national parks of Kampinos and Białowieża.

Horseriding is offered by many clubs, usually out of town.

Tennis Public tennis courts are almost everywhere, so you should have no problem booking one.

Sailing Take a boat cruise on the Baltic sea or down the Vistula River. In the Mazury lake district it is possible to hire a boat, but you need to have a licence.

Windsurfing Equipment can be hired at the seaside.

children

Nearly every large city has a funfair (**wesołe miasteczko**), though they close for autumn and winter. There are zoos in Warsaw, Poznań, Gdańsk and Wrocław, and an adventure park in Chorzów (near Katowice). Museums such as the Museum of Technology in Warsaw, and the Sea Life and Naval Museums in Gdynia (near Gdańsk), should also appeal to children.

phrasemaker

finding out what's on

you may say ...

I'd like ...	Poproszę ...	*poproshe*
a map of the town.	plan miasta.	*plan miasta*
an entertainment guide.	przewodnik kulturalny.	*pshevodneek kooltooralni*
Do you have any information in English?	Czy są jakieś informacje po angielsku?	*chi sow yakiesh informatsye po angielskoo*
What is there ... here?	Co można tutaj ...	*tso mozhna tootay*
to see/to do	zobaczyć/robić?	*zobachich/robeech*
for children	robić z dziećmi?	*robeech z djechmee*
Is there ...	Czy jest ...	*chi yest*
a guided tour?	wycieczka z przewodnikiem?	*vichechka s pshevodneekiem*
a bus tour?	wycieczka autokarowa?	*vichechka a-ootokarova*
Are there any ...	Czy są jakieś ...	*chi sow yakiesh*
tennis courts?	korty tenisowe?	*korti teneesove*
painting exhibitions?	wystawy malarstwa?	*vistavi malarstfa*
boat trips?	wycieczki statkiem?	*vichechkee statkiem*
Can you recommend ... (m/f)	Czy może pan/pani polecić ...	*chi mozhe pan/panee polecheech*
an interesting museum?	ciekawe muzeum?	*chekave mooze-oom*
a good bar?	dobry bar?	*dobri bar*
I'm interested in modern art.	Interesuję się sztuką współczesną.	*eenteresooye she shtookow fspoowchesnow*
I like sports/music very much.	Bardzo lubię sport/ muzykę.	*bardzo loobie sport/ moozike*

you may hear ...

Można ...	*mozhna*	You can ...

Co pana/panią interesuje?	*tso pana/paniow eenteresooye*	What are you interested in? (m/f)
Jest koncert ... muzyki poważnej. jazzowy.	*yest kontsert mooziki povazhney djezovi*	There is a ... concert. classical music jazz
Jest festiwal muzyki ludowej.	*yest festeeval mooziki loodovey*	There is a folk festival.
Są przejażdżki konno.	*sow psheyazhdjkee konno*	There are pony treks.
Warto zobaczyć ...	*varto zobachich*	It's worth seeing ...
Mamy ... w języku angielskim. przewodniki wycieczki z przewodnikiem	*mami ... v yenzikoo angielskeem pshevodneekee vichechkee s pshevodneekiem*	We have ... in English. travel guides guided tours

things to do & places to visit

ballet	balet	*balet*
circus	cyrk	*tsirk*
fireworks	sztuczne ognie	*shtoochne ognie*
horse racing	wyścigi konne	*vishcheegee konne*
opera	opera	*opera*
play/show	sztuka/przedstawienie	*shtooka/pshetstavienie*
(tennis/football) match	mecz (tenisa/piłki nożnej)	*mech (teneesa/ peewkee nozhney)*
amusement park	park rozrywki	*park rozrivkee*
art gallery	galeria sztuki	*galeria shtookee*
castle	zamek	*zamek*
cathedral	katedra	*katedra*
church	kościół	*koshchoow*
cinema	kino	*keeno*
(night) club	(nocny) klub	*notsni kloop*
ice rink	lodowisko	*lodoveesko*
palace	pałac	*pawats*
theatre	teatr	*teatr*

getting more information

you may say ...

Where is ... the swimming pool? the concert hall?	Gdzie jest ... pływalnia? sala koncertowa?	*gdje yest* *pwivalnia* *sala kontsertova*
Where does the guided tour start?	Gdzie zaczyna się wycieczka z przewodnikiem?	*gdje zachina she vichechka z pshevodneekiem*
What time does it start/finish?	O której się zaczyna/ kończy?	*o ktoorey she zachina/ konchi*
When is it open/ closed?	O której jest otwierane/ zamykane?	*o ktoorey yest otfierane/zamikane*
Do you need tickets?	Czy potrzebne są bilety?	*chi potshebne sow beeleti*
Where do you buy tickets?	Gdzie się kupuje bilety?	*gdje she koopooye beeleti*
Can you book that for me here? (m/f)	Czy może pan/ pani to dla mnie zarezerwować?	*chi mozhe pan/ panee to dla mnie zarezervovach*
Is the film in the original language?	Czy film jest w oryginalnej wersji językowej?	*chi feelm yest v orgeenalney versyee yenzikovey*

you may hear ...

Nie potrzebuje pan/ pani biletu.	*nie potshebooye pan/ panee beeletoo*	You don't need tickets. (m/f)
Niestety, już nie ma biletów.	*niesteti yoosh nie ma beeletoof*	Sorry, it's sold out.
Proszę zapłacić ... w kasie biletowej. u mnie.	*proshe zapwacheech* *fkasie beeletovey* *oo mnie*	Pay ... please. at the ticket office here (lit. 'me')
Jest otwarte ... od dziesiątej do osiemnastej. codziennie oprócz niedziel.	*yest otfarte* *od djeshontey do oshemnastey* *tsodjennie oprooch niedjel*	It's open ... from 10am till 6pm. every day except Sunday.

Zamknięte/Nieczynne ...	*zamkniente/niechinne...*	It's closed ...
w poniedziałki.	*fponiedjawkee*	on Mondays.
w zimie	*fzheemie*	in winter.
na głównym skwerze o dziesiątej rano	*na gwoovnim skfezhe o djeshontey rano*	in the main square at 10am
Zaczyna się/Kończy się o ...	*zachina she/konchi she o*	It starts/finishes at ...
Jest dubbingowany.	*yest dabeengovani*	It's dubbed.

check out 1

You're in the tourist office and hear that there's a guided tour, so try to find out more.

○ Gdzie zaczyna się wycieczka z przewodnikiem?
  gdje zachina she vichechka z pshevodneekiem

- Tutaj.
  tootay

○ O której się zaczyna?
  o ktoorey she zachina

- Jutro o dziesiątej.
  yootro o djeshontey

○ O której się kończy?
  o ktoorey she konchi

- O szesnastej.
  o shesnastey

○ Czy potrzebne są bilety?
  chi potshebne sow beeleti

- Tak. Proszę zapłacić u mnie.
  tak proshe zapwacheech oo mnie

Q The guided tour starts in the tourist office: true or false?

It ends at 6 o'clock: true or false?

Do you need tickets?

buying a ticket

Do you have any tickets for the play/ the concert?	Czy są bilety na przedstawienie/ koncert?	*chi sow beeleti na pshetstavienie/kontsert*
Is there a concession for ...	Czy jest zniżka dla ...	*chi yest zneeshka dla*
students?	studentów?	*stoodentoof*
senior citizens?	osób starszych?	*osoop starshih*
One adult and two children, please.	Dla jednej osoby dorosłej i dwójki dzieci.	*dla yedney osobi doroswey ee dvooykee djechee*
A family ticket, please.	Bilet rodzinny, proszę.	*beelet rodjeenni proshe*
Two tickets, please, for Saturday night/ tomorrow.	Dwa bilety proszę na sobotni wieczór/jutro.	*dva beeleti proshe na sobotnee viechoor/ yootro*
How long does it last?	Ile to trwa?	*eele to trfa*
Is there a programme in English?	Czy jest program po angielsku?	*chi yest program po angielskoo*
Is there an interval?	Czy jest przerwa?	*chi yest psherva*
Is there wheelchair access?	Czy jest dostęp dla wózka inwalidzkiego?	*chi yest dostemp dla vooska eenvaleetskiego*

To trwa trzy godziny.	*to trfa tshi godjeeni*	It lasts three hours.
jedna przerwa dwudziestominutowa	*yedna psherva dvoodjestomeenootova*	one interval of 20 minutes
Są podjazdy dla wózków.	*sow podyazdi dla vooskoof*	There are wheelchair ramps.
Zniżka pięćdziesiąt procent dla ...	*zneeshka piendjeshont protsent dla*	Half price for ...
dzieci.	*djechee*	children.
osób niepełnosprawnych.	*osoop niepewnospravnih*	people with disabilities.

check out 2

You're buying tickets for a museum.

- ○ Ile kosztuje bilet?
  eele koshtooye beelet

- Dziesięć złotych.
  djeshench zwotih

- ○ Czy jest zniżka dla dzieci?
  chi yest zneeshka dla djechee

- Tak. Pięćdziesiąt procent.
  tak. piendjeshont protsent

- ○ Proszę dwa bilety: jeden dla osoby dorosłej i jeden dla dziecka.
  proshe dva beeleti yeden dla osobi doroswey ee yeden dla djetska

- Piętnaście złotych proszę.
  pientnashche zwotih proshe

Q How much is a ticket?
How many tickets do you buy?

swimming & sunbathing

you may say ...

Can I use the hotel pool?	Czy mogę korzystać z basenu hotelowego?	*chi moge kozhistach z basenoo hotelovego*
Can we swim here?	Czy można tu pływać?	*chi mozhna too pwivach*

Where are ...	Gdzie są ...	*gdje sow*
the changing rooms?	przebieralnie?	*pshebieralnie*
the showers?	prysznice?	*prishneetse*
I'd like to hire ... (m/f)	Chciałbym/chciałabym wypożyczyć ...	*hchawbim/hchawabim vipozhichich*
a parasol.	parasol.	*parasol*
a deckchair.	leżak.	*lezhak*
Is it safe for children?	Czy to bezpieczne dla dzieci?	*chi to bespiechne dla djechee*

sports

you may say ...

Where can I go ...	Gdzie mogę ...	*gdje moge*
horseriding?	jeździć konno?	*yezhdjeech konno*
fishing?	łowić ryby?	*wovich ribi*
Where can we play ...	Gdzie możemy grać ...	*gdje mozhemi grach*
(table) tennis?	w tenisa (stołowego)?	*fteneesa stowovego*
volleyball?	w siatkówkę?	*fshatkoofke*
Where can you go ...	Gdzie można ...	*gdje mozhna*
ice skating?	jeździć na łyżwach?	*yezhdjeech na wizhvah*
skiing?	jeździć na nartach?	*yezhdjeech na nartah*
I'd like to hire ... (m/f)	Chciałbym/chciałabym wypożyczyć ...	*hchawbim/hchawabim vipozhichich*
a (tennis) racket.	rakietę (tenisową).	*rakiete (teneesovow)*
a life jacket.	kamizelkę ratunkową.	*kameezelke ratoonkovow*
a (mountain) bike.	rower (górski).	*rover (goorskee)*
some ice skates.	łyżwy.	*wizhvi*
I'd like to take ... lessons. (m/f)	Chciałbym/chciałabym wziąć lekcje ...	*hchawbim/hchawabim vzhonch lektsye*
sailing	żeglowania.	*zheglovania*
windsurfing	windsurfingu.	*windsurfeengoo*

Entertainment

| How much is it per hour/per day? | Ile to kosztuje za godzinę/za dzień? | *eele to koshtooye za godjeene/za djen* |
| Is it difficult/ dangerous? | Czy jest to trudne/ niebezpieczne? | *chi yest to troodne/ niebespiechne* |

you may hear ...

To kosztuje czterdzieści złotych za godzinę/za dzień.	*to koshtooye chterdjeshchi zwotih za godjeene/za djen*	It's 40 zloty a(n) hour/day.
Kiedy chce pan/pani zacząć?	*kiedi htse pan/panee zachonch*	When do you want to start? (m/f)
Czy chce pan/pani lekcję/przewodnika?	*chi htse pan/panee lektsye/pshevodneeka*	Do you want a lesson/guide? (m/f)

sound check

Another characteristic feature of Polish is consonant pairs with one sound:

ch (ch = h) sounds similar to the 'h' in 'hi'
złotych *zwotih*   jechać *yehach*

cz sounds similar to the 'ch' in 'check'
ręcznik *renchneek*   niebezpieczne *niebespiechne*

dz sounds similar to the 'ds' in 'kids'
dzwonek *dzvonek*   bardzo *bardzo*

dż sounds similar to the 'j' in 'joke'
przejażdżka *psheyazhdjka*   dżem *jem*

dź (dź = dzi) sounds similar to the 'j' in 'jeans'
godzina *godjeena*   dźwig *djveeg*

sz sounds similar to the 'sh' in 'show'
prysznice *prishneetse*   szatnia *shatnia*

rz (rz = ż) sounds similar to the 's' in 'measure'
rzeka *zheka*   rzeźba *zhezhba*

try it out

match it up
Pair the words on the left with the places where they belong.

1	koncert	**a**	teatr
2	tenis	**b**	lodowisko
3	przedstawienie	**c**	kino
4	film	**d**	kort tenisowy
5	łyżwy	**e**	sala koncertowa

mind the gap
Add the missing verbs.

1 Czy mogę .... z basenu hotelowego?
2 Chciałbym ... parasol i leżak.
3 Gdzie można ... konno?
4 Gdzie można .... ryby?
5 Chciałabym ... lekcje żeglowania.

as if you were there
Follow the prompts below to buy tickets for a play.

(Ask if there are tickets for Saturday night)
Tak. Na godzinę dziewiętnastą.
(Ask how long it lasts)
Dwie godziny i dziesięć minut.
(Ask if there is an interval)
Tak. Jest jedna przerwa piętnastominutowa.
(Ask if there is a programme in English)
Tak. Kosztuje 30 złotych.
(Ask for two tickets and one programme)

linkup

(Bardzo) **lubię** balet.	**I like** ballet (**very much**).
Co można tutaj zobaczyć ?	**What is there** to see here?
O której to się zaczyna?	**What time** does it start?
Czy jest pole golfowe?	**Is there** a golf course?
Czy są zniżki dla studentów?	**Are there** reductions for students?
Gdzie można jeździć konno?	**Where can you** go pony trekking?
Czy można wypożyczyć narty?	**Can you** hire skis?

likes, dislikes & preferences

To say that you like doing something, use lubię followed by a verb in the infinitive (the form you will find in a dictionary), e.g:

Lubię jeździć na rolkach. I like rollerblading.

Lubię pływać. I like swimming.

If you like something very much, then you can use the word bardzo before lubię:

Bardzo lubię grać w tenisa.
(Literally, 'I very like to play tennis').

Bardzo lubię oglądać balet.
(Literally, 'I very like to watch ballet').

or replace lubię with uwielbiam *oovielbiam*:

Uwielbiam łowić ryby. I love fishing.

Uwielbiam słuchać opery. I love listening to opera.

To say that you prefer something to something else, use wolę *vole*:

Lubię żeglować, ale wolę pływać na desce surfingowej.
I like sailing but I prefer windsurfing.
Lubię jeździć na nartach, ale wolę jeździć na łyżwach.
I like skiing but I prefer ice skating.

can & can't

To find out if you can do something use można:

Czy można łowić ryby tutaj?
Can one (or, more commonly in English, 'you') fish here?

Czy można zarezerwować bilety na przedstawienie?
Can one/you book tickets for a play?

Gdzie można zapłacić? Where can one/you pay?

Gdzie można wypożyczyć kajak? Where can one/you hire a canoe?

More personal forms are:
mogę I can
możemy we can

Czy mogę korzystać z basenu hotelowego?
Can I use the hotel swimming pool?
Gdzie możemy jeździć na rolkach?
Where can we rollerblade?

If you hear or see nie można, **it means you can't do something.**
Nie wolno **or** zakaz **means you mustn't do something.**

Nie można wypożyczyć nart. You can't hire skis.
Nie wolno łowić ryb tutaj. You mustn't fish here.
Zakaz palenia. No smoking.

Emergencies

crime

Any criminal act or incident should be reported at a police station (posterunek policji). Policemen and women can also be seen patrolling the streets on foot and in blue-and-white cars, clearly marked policja (police) on the doors.

Although it is unusual for foreigners to be attacked, you should avoid taking unnecessary risks. Women should not walk alone late at night and should keep their handbags securely fastened. Pickpocketing is very common, and you should be particularly careful in shopping centres, crowded places and on public transport.

Traffic police (drogówka) are concerned with driving offences. If they stop you, you will need to present a driving licence, MOT certificate and registration documents. Seat belts should be worn at all times and your headlights always turned on while you are driving. It is illegal to drink and drive, and penalties for breaking this law are severe in Poland. For speeding or parking offences you will be issued with a mandat (parking/speeding fine).

medical treatment

For minor health problems seek advice at an apteka (pharmacy). Don't confuse this with a drogeria, where you buy cosmetics and toiletries. In towns and cities there are usually some pharmacies open 24 hours a day.

First aid can be administered at the local hospital (szpital). As an EU citizen you are entitled to free medical treatment, but you will need to present a European Health Insurance Card (available from UK post offices or online: **www.dh.gov.uk/travellers**). If you don't have one, you will be asked to cover the costs.

If you are unable to get to the hospital on your own, or in case of emergency, call Pogotowie Ratunkowe (the ambulance service; see below) and ask for ambulans (an ambulance).

travellers with disabilities

Unfortunately, Poland is not a particularly easy place to stay for travellers with disabilities. There are lifts at airports and at metro stations in Warsaw, but you may find it difficult to get into shops and some offices if you use a wheelchair. Look out for holes in pavements and high kerbs. In cities there are usually hotels offering rooms equipped specifically for people with disabilities, and buses with wheelchair access.

breakdowns

If your car breaks down, call **pomoc drogowa** (vehicle assistance) on 981. If you use a mobile phone, you will need the city's dialling code before this number, e.g. 22 981 for Warsaw, 81 981 for Lublin, and so on.

post offices

Most post offices (**poczta**) are open between 8am and 7 to 8pm on weekdays and 8am and 1 to 2pm on Saturdays. In cities, Poczta Główna (the main post office) is usually open 24 hours a day. At a post office you can buy stamps, postcards, phone cards and magazines, send letters and parcels, and some change money.

telephones

To make a call from a public phone you will need a phone card (**karta telefoniczna**), which can be bought at any post office or newsagent's (**kiosk**). Emergency calls are free of charge.

useful phone numbers

From landlines:
Police 997
Ambulance 999
Fire 998
Vehicle assistance 981

From mobiles and landlines:
All emergency services 112
(The operator will ask which service you require.)

phrasemaker

emergency phrases
you may say ...

Help!	Pomocy!	*pomotsi*
Excuse me!	Przepraszam!	*psheprasham*
Can you help me? (m/f)	Czy może mi pan/pani pomóc?	*chi mozhe mee pan/ panee pomoots*
Does anyone speak English?	Czy ktoś mówi po angielsku?	*chi ktosh moovee po angielskoo*
There's been an accident.	Był wypadek.	*biw vipadek*
It's urgent!	To pilne!	*to peelne*
Where's ...	Gdzie jest ...	*gdje yest*
the police station?	posterunek policji?	*posteroonek poleetsyee*
the hospital?	szpital?	*shpeetal*
Where's the nearest ...	Gdzie jest najbliższa ...	*gdje yest naybleeshsha*
petrol station?	stacja benzynowa?	*statsya benzinova*
public phone?	budka telefoniczna?	*bootka telefoneechna*
I need ...	Potrzebuję ...	*potshebooye*
to see a doctor.	zobaczyć się z lekarzem.	*zobachich she z lekazhem*
an ambulance.	ambulans.	*amboolans*
Leave me alone!	Zostaw mnie!	*zostaf mnie*

telling the doctor or dentist
you may say ...

I'd like an appointment with ... (m/f)	Chciałbym/chciałabym zamówić wizytę u ...	*hchawbim/hchawabim zamooveech veezite oo*
a doctor.	lekarza.	*lekazha*
a dentist.	dentysty.	*dentisti*

I have an EHIC.	Mam Europejską Kartę Ubezpieczenia Zdrowotnego.	*mam e-ooropeyskow karte oobespiechenia zdrovotnego*
I've got …	Mam …	*mam*
a rash.	wysypkę.	*visipke*
shivers.	dreszcze.	*dreshche*
diarrhoea.	rozwolnienie.	*rozvolnienie*
a cough.	kaszel.	*kashel*
I'm constipated.	Mam zaparcia.	*mam zaparcha*
I've (m/f)/He's been sick all night*.	Wymiotowałem/ wymiotowałam/on wymiotował całą noc.	*vimiotovawem/ vimiotovawam/on vimiotovaw tsawow nots*
It hurts here.	Boli tutaj.	*bolee tootay*
I've got …	Boli mnie …	*bolee mnie*
toothache.	ząb.	*zomp*
a sore throat.	gardło.	*gardwo*
stomach ache.	brzuch.	*bzhooh*
earache.	ucho.	*ooho*
I've got backache.	Bolą mnie plecy.	*bolow mnie pletsi*
My … hurt (a lot).	(Bardzo) bolą mnie …	*(bardzo) bolow mnie …*
shoulders	ramiona.	*ramiona*
kidneys	nerki.	*nerkee*
She/He feels …	On/ona ma …	*on/ona ma*
sick.	mdłości.	*mdwoshchi*
dizzy.	zawroty głowy.	*zavroti gwovi*
since/for…	od …	*ot*
yesterday	wczoraj	*fchoray*
two days	dwóch dni	*dvooh dnee*
a week	tygodnia	*tigodnia*
I'm allergic to …	Mam uczulenie na …	*mam oochoolenie na*
animals.	zwierzęta.	*zviezhenta*
aspirin.	aspirynę	*aspeerine*
I'm …	Jestem …	*yestem*
diabetic.	diabetykiem.	*diabetikiem*
pregnant.	w ciąży.	*fchonzhi*
epileptic.	epileptykiem.	*epeeleptikiem*

I have ...	Mam ...	*mam*
asthma.	astmę.	*astme*
high/low blood pressure.	wysokie/niskie ciśnienie.	*visokie/neeskie cheeshnienie*
I've cut myself. (m/f)	Skaleczyłem się/ Skaleczyłam się.	*skalechiwem she/ skalechiwam she*
I've burnt myself. (m/f)	Oparzyłem się/ oparzyłam się.	*opazhiwem she/ opazhiwam she*
Something bit/stung me.	Coś mnie ugryzło/ użądliło.	*tsosh mnie oogrizwo/ oozhondleewo*
I can't move.	Nie mogę się ruszać.	*nie moge she rooshach*
I can't feel my leg.	Nie czuję nogi.	*nie chooye nogee*
I have a broken tooth.	Złamał mi się ząb.	*zwamaw mee she zomp*
I've lost ...	Wypadła mi ...	*vipadwa mee*
a filling.	plomba.	*plomba*
a crown.	koronka.	*koronka*
I can't breathe properly.	Nie mogę oddychać swobodnie.	*nie moge oddihach sfobodnie*

(*For more on talking about things in the past, see the Language Builder, p135.)

you may hear ...

Czy boli tutaj?	*chi bolee tootay*	Does it hurt here?
Proszę się rozebrać.	*proshe she rozebrach*	Could you take off your clothes?
Można się ubrać.	*mozhna she oobrach*	You can get dressed.
Czy jest pan/pani na coś uczulony/uczulona?	*chi yest pan/panee na tsosh oochooloni/ oochoolona*	Are you allergic to anything? (m/f)
Co pan jadł/pił?/Co pani jadła/piła?	*tso pan yadw/peew tso panee yadwa/ peewa*	What have you eaten/drunk? (m/f)
Czy jest gorączka?	*chi yest goronchka?*	Do you have a temperature?

Od kiedy tak się pan/pani czuje?	ot *kie*di tak she pan/panee *choo*ye	How long have you been feeling like this? (m/f)
To poważne/nic poważnego.	to po*vazh*ne/neets po*vazh*nego	It's serious/It isn't serious.
To może być infekcja wirusowa.	to *mo*zhe bich een*fek*tsya vee*roo*sova	It may be a kind of virus.
To jest ...	to yest	It's ...
złamanie.	zwa*ma*nie	a fracture.
zatrucie pokarmowe.	za*troo*che pokar*mo*ve	food poisoning.
Potrzebna jest operacja.	pot*sheb*na yest ope*rat*sya.	You need an operation.
Musi pan/pani iść do szpitala.	*moo*shee pan/*pa*nee eeshch do shpee*ta*la	You need to go to hospital. (m/f)
Proszę (brać/stosować) ...	*pro*she (brach/sto*so*vach)	(Take/Apply) ...
te tabletki.	te tab*let*kee	these tablets.
to lekarstwo.	to le*karst*fo	this medicine.
przed jedzeniem/po jedzeniu	pshed ye*dze*niem/po ye*dze*nioo	before meals/after meals
na pusty żołądek	na *poos*ti zho*won*dek	on an empty stomach
jedną łyżkę raz/dwa razy dziennie	*yed*now *wish*ke ras/dva *ra*zi *dje*nnie	one spoonful one/two times a day
Ssać, nie połykać w całości.	ssach nie po*wi*kach ftsa*wo*shchi	Chew, do not swallow whole.
Unikać kontaktu z oczami.	oo*nee*kach kon*tak*too s o*cha*mee	Avoid contact with your eyes.
Musi pan/pani ...	*moo*shee pan/*pa*nee	You must ... (m/f)
odpoczywać.	otpo*chi*vach	rest.
pić dużo płynów.	peech *doo*zho *pwi*noof	drink lots of liquid.
Nie wolno ...	nie *vol*no	You mustn't ...
wstawać.	*fsta*vach	get up.
ćwiczyć.	*chfee*chich	take exercise.
Założę (tymczasową) plombę.	za*wo*zhe (timcha*so*vow) *plo*mbe	I'll put a (temporary) filling in.
Muszę wyrwać ten ząb.	*moo*she *vir*vach ten zomp	I'll have to take the tooth out.

check out 1

You're explaining your symptoms to the doctor.

○ Boli mnie brzuch. Wymiotowałem całą noc i mam rozwolnienie.
bolee mnie bzhooh. vimiotovawem tsawow nots ee mam rozvolnienie

- Co pan jadł?
tso pan yadw

○ Jajka na śniadanie i kotlet schabowy na obiad.
yayka na shniadanie ee kotlet shabovi na obiat

- Czy jest gorączka?
chi yest goronchka?

○ Nie.
nie

○ To może być infekcja wirusowa. Proszę brać to lekarstwo trzy razy dziennie. Musi pan pić dużo płynów.
to mozhe bich eenfektsya veeroosova. proshe brach to lekarstfo tshi razi djennie. mooshee pan peech doozho pwinoof

(albo = or)

Q What symptoms do you mention?
You had salmon for dinner: true or false?
You have to take your medicine twice a day: true or false?

parts of the body

ankle	kostka	*ko*stka
arm	ręka	*re*nka
chest	klatka piersiowa	*kla*tka pier*sho*va
finger	palec	*pa*lets
foot	stopa	*sto*pa
hand	dłoń	*dwon*
head	głowa	*gwo*va
knee	kolano	*kolano*
mouth	usta	*oo*sta
neck	szyja	*shiya*
nose	nos	*nos*
wrist	nadgarstek	*nad*gar*stek*

at the chemist's
you may say …

I've got …	Mam …	*mam*
hayfever.	katar sienny.	*ka*tar *shen*ni
an upset stomach.	ból żołądka.	*bool zho*won*tka*
I need something for …	Potrzebuję czegoś na …	*potshebooye chegosh na*
a sore throat.	ból gardła.	*bool* gar*dwa*
sunburn.	poparzenia słoneczne.	*popazhenia swonechne*
I'd like some …	Proszę …	*proshe*
after-sun lotion.	mleczko po opalaniu.	*mlechko po opalanioo*
cough mixture.	syrop na kaszel.	*sirop na* ka*shel*
painkillers.	tabletki przeciwbólowe.	*tabletkee pshetsifboolove*
How should I take it?	Jak to stosować?	*yak to sto*so*vach*
Does it have side effects?	Czy to ma efekty uboczne?	*chi to ma efekti oobochne*

you may hear ...

Czy był pan/była pani u lekarza?	*chi biw pan/biwa panee oo lekazha*	Have you seen the doctor? (m/f)
Czy bierze pan/pani jakieś leki?	*chi biezhe pan/panee yakiesh lekee*	Are you taking any other medicine? (m/f)
Czy to dla ... pana/pani? dziecka?	*chi to dla pana/panee djetska*	Is it for ... you? (m/f) a child?
To powinno pomóc.	*to poveenno pomoots*	This should help.

car breakdown

you may say ...

I've broken down ... on t he A10 motorway. (five) kilometres from ...	Zepsuł mi się samochód ... na autostradzie A dziesięć. (pięć) kilometrów od ...	*zepsoow mee she samohoot na a-ootostradje a djeshench (piench) keelometroof ot*
I've just passed ... (m/f)	Właśnie minąłem/minęłam ...	*vwashnie meenowem/meenewam*
... isn't working. The engine The steering	... nie działa. Silnik Sterowanie	*nie djawa seelneek sterovanie*
The brakes aren't working.	Hamulce nie działają.	*hamooltse nie djawayow*
It won't start.	Nie chce zapalić.	*nie htse zapaleech*
I've got a flat tyre. (m/f)	Złapałem/złapałam gumę.	*zwapawem/zwapawam goome*
The battery's flat.	Akumulator się rozładował.	*akoomoolator she rozwadovaw*
I've run out of petrol.	Zabrakło mi benzyny.	*zabrakwo mee benzini*
Could you send a mechanic?	Czy możecie przysłać mechanika?	*chi mozheche pshiswach mehaneeka*
When will it be ready?	Kiedy będzie gotowy?	*kiedi bendje gotovi*
in the boot	w bagażniku	*fbagazhneekoo*

you may hear ...

Z czym jest problem?/ Co się stało?	s chim yest **pro**blem/tso she **sta**wo	What's wrong?
Gdzie pan/pani jest?	gdje pan/**pa**nee yest	Where are you? (m/f)
Jaki jest numer rejestracyjny samochodu?	**ya**kee yest **noo**mer reyestra**tsi**yni samo**ho**doo	What's your registration number?
Przyślemy mechanika ...	pshish**le**mi meha**nee**ka	We'll send a mechanic ...
zaraz.	**za**ras	straight away.
za dwie godziny.	za dvie go**djee**ni	in two hours.
Pomogę panu/pani.	po**mo**ge pa**noo**/**pa**nee	I'll help you.
Czy ma pan/pani ...?	chi ma pan/**pa**nee ...	Do you have ...? (m/f)
Proszę otworzyć ...	**pro**she ot**fo**zhich	Open ... please.
bagażnik.	ba**ga**zhneek	the boot
maskę.	**ma**ske	the bonnet
Będzie gotowy...	**ben**dje go**to**vi	It will be ready ...
za godzinę.	za go**djee**ne	in an hour.
w poniedziałek.	fponie**dja**wek	on Monday.

car parts

bonnet	maska	**ma**ska
boot	bagażnik	ba**ga**zhneek
jack	podnośnik	pod**no**shneek
locks	zamki	**za**mkee
tow rope	lina holownicza	**lee**na holov**nee**cha
tyre	opona	o**po**na
spare tyre	koło zapasowe	**ko**wo zapa**so**ve
wheel	koło	**ko**wo
windows	szyby	**shi**bi
windscreen	przednia szyba	**pshe**dnia **shi**ba
wipers	wycieraczki	viche**ra**chkee

check out 2

You've broken down on a main road, but a passing driver stops to help.

○ Co się stało?
*tso she **sta**wo*

- Złapałam gumę.
*zwa**pa**wam **goo**me*

○ Ma pani koło zapasowe?
*ma **pa**nee **ko**wo zapa**so**ve*

- Tak. W bagażniku.
*tak. fbagazh**nee**koo*

○ A podnośnik?
*a pod**no**shneek*

- Mam.
mam

○ Proszę otworzyć bagażnik. Pomogę pani.
***pro**she ot**fo**zhich ba**ga**zhneek. po**mo**ge **pa**nee*

Q What's the problem with the car?
What two car parts have been mentioned?

at the police station

you may say …

I've lost …	Zginął mi …	*zgeenow mee*
my wallet.	portfel.	*portfel*
my passport.	paszport.	*pashport*
I've lost my daughter.	Zginęła moja córka.	*zgeenewa moya tsoorka*
I've had … stolen.	Ukradziono mi …	*ookradjono mee*
my watch	zegarek.	*zegarek*
my bag	torbę.	*torbe*
It is …	Jest …	*yest*
big. (m/f)*	duży/duża.	*doozhi/doozha*
blue. (m/f)*	niebieski/niebieska.	*niebieskee/niebieska*
made of leather.	ze skóry.	*ze skoori*
I've been mugged (m/f).	Zostałem/zostałam napadnięty/a.	*zostawem/zostawam napadnienti/a*
My car has been broken into.	Włamano mi się do samochodu.	*vwamano mee she do samohodoo*
yesterday …	wczoraj …	*fchoray*
afternoon	po południu	*po powoodnioo*
evening	wieczorem	*viechorem*
this morning	dziś rano	*djeesh rano*
in a shop/a café	w sklepie/kawiarni	*fsklepie/fkaviarnee*
in the street	na ulicy	*na ooleetsi*
I don't know.	Nie wiem.	*nie viem*

(*For more about masculine and feminine word endings, see 'adjectives' in the Language Builder, p133.)

you may hear …

Czy coś się panu/pani stało?	*chi tsosh she panoo/panee stawo*	Are you hurt? (m/f)
W jakim jest kolorze?	*v yakeem yest kolozhe*	What colour is it?
Jak wygląda?	*yak viglonda*	What is it like?
Co w nim/niej było?	*tso fneem/fniey biwo*	What's in it? (m/f)
Gdzie panu/pani to zginęło?	*gdje panoo/panee to zgeenewo*	Where did you lose it? (m/f)

Kiedy pan/pani to zauważył/zauważyła?	*kie*di pan/*pan*ee to zaoo*va*zhiw/ zaoo*va*zhiwa	When did you realise? (m/f)
Pana/pani ... nazwisko/adres? numer paszportu?	*pan*a/*pan*ee naz*vee*sko/adres *noo*mer pash*po*rtoo	Your ... name/address? passport number?
Jaka marka samochodu?	*ya*ka *mar*ka samo*ho*doo	What's the make of your car?
Musi pan/pani zapłacić mandat.	*moo*shee pan/*pan*ee zap*wa*cheech *man*dat	You have to pay a fine. (m/f)

check out 3

You've lost your wallet and go to the nearest police station.

- ○ Zginął mi portfel.
  *zgee*now mee *po*rtfel

- Jak wygląda?
  yak vig*lon*da

- ○ Czarny, ze skóry.
  *cha*rni ze *skoo*ri

- Gdzie panu to zginęło?
  gdje *pa*noo to *zgee*newo

- ○ Nie wiem.
  nie viem

- Kiedy pan to zauważył?
  *kie*di pan to zaoo*va*zhiw

- ○ Piętnaście minut temu. W sklepie.
  pient*na*shche *mee*noot *te*moo. *fskle*pie

  (temu = ago)

 The wallet was brown and made of leather: true or false?
You lost it in a shop: true or false?

valuables

briefcase	aktówka	*ak**toof**ka*
camcorder	kamera	*ka**me**ra*
(digital) camera	aparat (cyfrowy)	*aparat (tsifrovi)*
credit card	karta kredytowa	*ka**r**ta kredi**to**va*
driving licence	prawo jazdy	*pra**vo ya**zdi*
jewellery	biżuteria	*beezhoo**teria***
keys	klucze	*kloo**che***
mobile phone	telefon komórkowy	*telefon komoor**ko**vi*
money	pieniądze	*pie**nio**ndze*
MP3 player	odtwarzacz mp3	*odt**fa**zhach em pe tshi*
purse	portmonetka	*portmo**ne**tka*
rucksack	plecak	*ple**tsak***
suitcase	walizka	*wa**lee**ska*
traveller's cheques	czeki podróżne	*che**kee podroo**zhne*

sound check

The pronunciation of certain letters and letter combinations changes according to their position in a word.

The consonants **b**, **d**, **g**, **z**, **rz**, **ż**, **w**, **dz** and **dź** (normally pronounced *b*, *d*, *g*, *z*, *zh*, *zh*, *v*, *dz and* *dj*) lose their strength when at the end of the word and are pronounced *p*, *t*, *k*, *s*, *sh*, *sh*, *f*, *ts* and *ch* respectively*)*:

chleb *hlep*	gaz *gas*	formularz *formoolash*
nóż *nosh*	lód *loot*	skrzynia biegów **skshi**nia **bie**goof

The same happens when they are positioned next to weakly pronounced consonants, i.e. **k**, **t**, **p**, **s**, **c** and **h/ch**:

wtorek *ftorek* **torebka** *to**rep**ka* **przednia** szyba *pshednia* **shi**ba

try it out

a spoonful a day ...

Read the labels below and work out what instructions are given.

1 Unikać kontaktu z oczami.
2 Połknąć w całości.
3 Na pusty żołądek.
4 Jedną łyżkę trzy razy dziennie.
5 Przed jedzeniem.

where are you?

Would you be at the doctor's, in a garage or at the police station if you heard the following phrases?

1 Boli tutaj?
2 Gdzie pani to zginęło?
3 To nic poważnego.
4 Proszę otworzyć maskę.
5 Czy ma pan koło zapasowe?
6 Kiedy pani to zauważyła?

as if you were there

You're at the chemist's looking for something for a cough. Follow the prompts below to get what you need.

(Say good afternoon. Say you have a cough and ask for some cough mixture)

Czy jest pan na coś uczulony?

(Say no)

To powinno pomóc.

(Ask how you should take it)

Dwie łyżki po jedzeniu. Trzy razy dziennie.

linkup

Czy może mi **pan/pani** pomóc?	**Can you** help me? (m/f)
Muszę zobaczyć się z lekarzem.	**I need** to see a doctor.
Mam rozwolnienie.	**I have** diarrhoea.
Bolą mnie noga.	**My** leg **hurts.**
Czy dostanę coś na ból gardła?	**Do you have anything for** a sore throat?
Silnik **nie działa.**	The engine **isn't working.**
Ukradziono mi paszport.	**I've had** my passport **stolen.**
Zginął mi portfel.	**I've lost** my wallet.

possession

To say that something belongs to you, you need the appropriate form of 'my' before a noun. The form depends on the gender of the noun, so you use mój before masculine nouns, moja before feminine nouns and moje before neuter (neither masculine nor feminine) nouns.

Zginął mój syn. I've lost my son.
Zginęła moja córka. I've lost my daughter.
Moje dziecko ma gorączkę. My child has a temperature.

Note that 'my' is used less in Polish than in English and you will often hear phrases where it is not translated, e.g:
Zginął mi paszport. I've lost my passport.
(Literally, 'Lost to me passport'.)

To say 'your', use the formal forms pana (when referring to a man) and pani (when referring to a woman).

Pana adres? Your address?
Pani nazwisko? Your surname?
Podoba mi się pana krawat. I like your tie.
Czy to pani karta kredytowa? Is this your credit card?

For more on possession, see the Language Builder, p136.

saying what hurts
If you want to say that something hurts, you can use boli mnie:

Boli mnie noga. (Literally, 'hurts me leg'.)
Boli mnie brzuch. (Literally, 'hurts me stomach'.)

Or, for more than one thing, bolą mnie:

Bolą mnie nerki. (Literally, 'hurt me kidneys'.)
Bolą mnie oczy. (Literally, 'hurt me eyes'.)

You can also use mam ból ... ('I have a pain or ache') with certain parts of the body. Note that the ending of the word for the part of the body will change. For example, words ending in –a in the singular will now end in –i or –y, those ending in –o will end in –a, and you will need to add –a to those ending with a consonant:

Mam ból gardła. I have a sore throat. (throat = gardło)
Mam ból głowy. I have a headache. (head = głowa)
Mam ból zęba. I have a toothache. (tooth = ząb)
Mam ból ucha. I have earache. (ear = ucho)

articles

There are no articles ('the', 'a', 'an') in Polish. For example,
Gdzie są sklepy? Where are the shops? is literally 'Where are
shops?'. Here are some more examples:

Jestem studentem. I am a student. (Literally, 'I am student'.)
Proszę czapkę. I'd like a hat. (Literally, 'I'd like hat'.)

gender

All Polish nouns (words used for people, things and concepts)
have a gender: masculine, feminine or neuter (neither
masculine nor feminine). The gender of a noun affects the
form of any adjectives (words that describe nouns), possessive
pronouns (e.g. 'my', your, his) and numbers used with it.
Gender is generally not related to the meaning of a word, and
can be recognised by the word ending:

Most masculine nouns end in a consonant, e.g. samochód
(car), but a few end in -a, such as mężczyzna (man), kierowca
(driver), dentysta (dentist) and turysta (tourist).

Feminine nouns usually end in -a, e.g. kobieta (woman), but
some end in -i or in -ć, such as pani (madam/Mrs), miłość
(love).

Neuter nouns end in -o, -e, -ę or -um, e.g. kino (cinema),
morze (sea), imię (first name), muzeum (museum).

cases

Polish nouns change their endings according to their function
within a sentence. There are seven cases: nominative, genitive,
dative, accusative, instrumental, locative and vocative.

The nominative is the form you'll find in the dictionary and is
used for the subject of the sentence. It also follows To jest ...
(This is ...):

Nasz samochód jest czerwony. Our car is red.
To jest moja żona. This is my wife.

Language **Builder**

The genitive is used for describing possession, often translated by 'of', and also after words of quantity, negation, and after dla (for), do (to), bez (without):

To telefon mojej żony. This is my wife's telephone.
butelka wina a bottle of wine
Nie lubię sera. I don't like cheese.
kawa bez mleka coffee without milk

The dative is used with the indirect object (the thing or person to which/whom something is done or given):

Proszę to dać mojej żonie. Please give it to my wife.
Trzeba zapłacić przewodnikowi. You need to pay the guide.

The accusative is used for the direct object of the sentence:

Zapytajmy jego żonę. Let's ask his wife.
Poproszę kanapkę. I'd like a sandwich.

The instrumental indicates the means by which an action is completed (e.g. 'go by taxi'), and is used after z (with) and prepositions of location, such as za (behind), przed (in front of) and pomiędzy (between). It is also used to indicate nationality or profession:

Jedziemy do Krakowa pociągiem. We're going to Kraków by train.
Poczta jest pomiędzy bankiem a kinem. The post office is between the bank and the cinema.
Proszę kanapkę z serem. Can I have a sandwich with cheese?
Jestem nauczycielem. I am a teacher.

The locative is used after w (in), o (about), na (on), o (at), po (after, along) and przy (near, by):

Pokój jest na drugim piętrze. The room is on the second floor.
Wycieczka jest po śniadaniu. The trip is after breakfast.
Mieszkam w hotelu. I am staying in a hotel.

The vocative is only used when addressing people directly and is not often used in everyday language.

The table below shows the different forms for bank (bank), pan (Mr, sir, gentleman), apteka (pharmacy) and dziecko (child).

	masculine	feminine	neuter	plural
nominative	bank, pan*	apteka	dziecko	banki, panowie, apteki, dzieci
genitive	banku, pana	apteki	dziecka	banków, panów, aptek, dzieci
dative	bankowi, panu	aptece	dziecku	bankom, panom, aptekom, dzieciom
accusative	bank, pana	aptekę	dziecko	banki, panów, apteki, dzieci
instrumental	bankiem, panem	apteką	dzieckiem	bankami, panami, aptekami, dziećmi
locative	banku, panu	aptece	dziecku	bankach, panach, aptekach, dzieciach

*Two examples are given here to illustrate the different masculine forms for living things and inanimate objects.

singular & plural

Plurals are formed in a variety of ways, usually by changing the word ending. The ending used is determined by the gender of the word: in the nominative case masculine nouns end in -y, -i, -e or -owie; feminine nouns end in -y, -i or -e; and neuter nouns end in -a (with the exception of dzieci – children):

	masculine	feminine	neuter
singular	dom/mężczyzna/ pokój/profesor house/man/room/ professor	kobieta/apteka/noc woman/ pharmacy/night	kino/morze/ dziecko cinema/sea/ child
plural	domy/mężczyźni/ pokoje/profesorowie	kobiety/apteki/noce	kina/morza/ dzieci

adjectives

Adjectives 'agree' with the nouns they describe, so they have different endings for singular masculine, feminine and neuter words, and for plural words. They also change according to the case of the word:

	masculine	feminine	neuter	plural
nominative	dobry	dobra	dobre	dobre, dobrzy
genitive	dobrego	dobrej	dobrego	dobrych
dative	dobremu	dobrej	dobremu	dobrym
accusative	dobrego, dobry	dobrą	dobre	dobre, dobrych
instrumental	dobrym	dobrą	dobrym	dobrymi
locative	dobrym	dobrej	dobrym	dobrych

In the nominative and accusative plural all adjectives end in -e, with the exception of those referring to men or a mixed group of men and women (e.g. dobrzy ludzie – good people). In the accusative masculine there are different forms for living things and inanimate objects (dobrego przyjaciela – a good friend, dobry film – a good film).

pronouns

In Polish you don't generally need to use subject pronouns ('I', 'you', 'he' etc.) in front of a verb because the ending of the verb makes it clear who is being referred to:

I'm single. Jestem wolny. (**Instead of** Ja jestem wolny.)
We have a wide selection of desserts. Mamy duży wybór deserów. (**Instead of** My mamy duży wybór deserów.)

When addressing someone, there are several ways of saying 'you' depending on how well you know a person and how many people you are talking to:

	formal	informal
a male	pan	ty
a female	pani	ty
two or more males	panowie	wy
two or more females	panie	wy
two or more males and females	państwo	wy

verbs

The form of the verb changes according to who or what does the action and when. The tables below show the four common verb patterns in the present tense:

szukać – to look for	
(ja) szuk**am**	I look for/am looking for
(ty) szuk**asz**	you look for/are looking for
(on, ona, ono) szuk**a**	he, she, it looks for/ is looking for
(my) szuk**amy**	we look for/are looking for
(wy) szuk**acie**	you look for/are looking for
(oni, one*) szuk**ają**	they look for/are looking for

*oni is used to talk about two or more men or men and women; one is used to talk about two or more women, children, animals or things.

lubić – to like	
(ja) lubi**ę**	I like
(ty) lub**isz**	you like
(on, ona, ono) lub**i**	he, she, it likes
(my) lub**imy**	we like
(wy) lub**icie**	you like
(oni, one) lub**ią**	they like

Language **Builder**

potrzebować – to need	
(ja) potrzebuję	I need
(ty) potrzebujesz	you need
(on, ona, ono) potrzebuje	he, she, it needs
(my) potrzebujemy	we need
(wy) potrzebujecie	you need
(oni, one) potrzebują	they need

uczyć – to teach	
(ja) uczę	I teach
(ty) uczysz	you teach
(on, ona, ono) uczy	he, she, it teaches
(my) uczymy	we teach
(wy) uczycie	you teach
(oni, one) uczą	they teach

Verbs that follow the patterns above are called regular verbs. However, some (irregular) verbs do not follow these patterns and must be learnt individually. The verb być ('to be') is one example of an irregular verb:

być – to be	
(ja) jestem	I am
(ty) jesteś	you are
(on, ona, ono) jest	he, she, it is
(my) jesteśmy	we are
(wy) jesteście	you are
(oni, one) są	they are

Note that in the past tense, the verb form changes according to the gender of the person who is performing the action. Compare the examples below:

Szukam dobrego hotelu. I'm looking for a good hotel.

Szukałem dobrego hotelu. I was looking for a good hotel. (m)

Szukałam dobrego hotelu. I was looking for a good hotel. (f)

possessives

Possessive pronouns ('my', 'your', 'his', 'her' etc.) are adjectives and therefore 'agree' with the nouns they refer to. The examples below show the forms for the nominative case:

	masculine	feminine	neuter
my	mój	moja	moje
your	twój	twoja	twoje
his	jego	jego	jego
her	jej	jej	jej
its	jego	jej	jego
our	nasz	nasza	nasze
your	wasz	wasza	wasze
their	ich	ich	ich

To jest mój mąż. This is my husband. (m)

To jest moja żona. This is my wife. (f)

To jest moje dziecko. This is my child. (n)

In Polish, 'your' is quite informal. In formal language you should instead use the following forms, which agree with the person you are referring to, not the noun: pana (man's), pani (woman's), panów (men's), pań (womens') and państwa (man's and woman's or men's and women's).

Czy to pana samochód? Is this your car? (m)
(Literally, 'Is this man's car?'.)

Czy to pani rękawiczka? Is this your glove? (f)
(Literally, 'Is this woman's glove?'.)

Sprawdzę, co z państwa zamówieniem. I'll check your order.
(pl) (Literally, 'I'll check man's and woman's, or men's and women's, order'.)

this, that, these, those

These words behave like adjectives and must agree with the noun to which they refer, in gender, number (singular or plural) and case. The examples on the next page show the forms in the nominative case.

Language **Builder**

ten/ta/to this (m/f/n), tamten/tamta/tamto that (m/f/n), te these, tamte those

Note that when referring to men, you need to use ci and tamci (not te and tamte) in the nominative.

questions

In written Polish the word czy is used to change a statement into a 'yes/no' question. In spoken Polish you can simply change the intonation of your voice. Compare the following examples:

Jest winda. There's a lift.

Czy jest winda? Is there a lift? (written or spoken)

Jest winda? Is there a lift? (spoken only)

Here are some more question words:

Where? Gdzie?, How? Jak?, Who? Kto?, When? Kiedy?, How much?/How many? Ile?

There are two words for 'what?' in Polish. Co is used in phrases of the type 'What is this/that/it'. Jaki/a/ie (m/f/n) is used adjectivally and therefore agrees with the noun to which it is referring. It is often used in phrases such as 'What kind of ...?' or 'What ... like?'.

Co to jest? What is it/this?

Jaki to kolor? What colour is it? (m)

Jaka jest pogoda? What's the weather like? (f)

Jakie to ciasto? What kind of cake is it? (n)

telling the time

In Poland the 24-hour clock is in general use. To tell the time you need to use ordinal numbers ('first', 'second', 'third' etc.).

4pm can be either czwarta godzina (literally, 'fourth hour') or szesnasta godzina (literally, 'sixteenth hour').

1.30pm can be either wpół do drugiej ('half to second') or trzynasta trzydzieści ('thirteenth thirty').

10.20am is dwadzieścia po dziesiątej ('twenty past tenth').

7.05am is pięć po siódmej ('five past seventh').

11.50am is za dziesięć dwunasta ('ten to twelfth').

Bare Necessities .....

check out
1 beer; no
2 no; Ireland
3 there's no commission; 5 zloty

crossed lines
1 d; 2 c; 3 g; 4 e; 5 a; 6 f; 7 b

whose number?
1 c; 2 a; 3 d; 4 e; 5 b

in the mix
1 środa
2 niedziela
3 czwartek
4 sobota
5 piątek

as if you were there
Proszę.
proshe
Miło mi poznać. Mam na imię James.
***mee**wo mee **po**znach. mam na **ee**mie james*
Jestem z Anglii.
*yestem s **a**nglee*
Jestem tu służbowo.
*yestem too swoozh**bo**vo*

Getting Around ....

check out
1 post office; no (it was not mentioned in the dialogue); a hundred metres
2 unleaded; false (you need to turn left at the roundabout)
3 a & b
4 fast train; second class

where are you?
1 petrol station
2 railway station (ticket office)
3 taxi
4 car rental office
5 boarding a bus/tram

mind the gap
1 zniżka
2 kafejki
3 kasa
4 postój
5 bagażu

as if you were there
Przepraszam! Którędy do dworca kolejowego?
*pshep**ra**sham ktoo**ren**di do d**vor**tsa koleyo**ve**go*
Czy jest tu blisko postój taksówek?
*chi yest too **bli**sko **po**stooy tak**soo**vek*
Gdzie jest najbliższy bankomat?
*gdje yest nayb**lee**shshi ban**ko**mat*
Dziękuję.
*djen**koo**ye*

Somewhere to Stay....

check out
1 2; false; false
2 your passport; the fourth floor
3 a tent; per night

match it up
1 c; 2 e; 3 a; 4 b; 5 d

in the mix
1 dostęp
2 telefon
3 taksówkę
4 śniadanie
5 zniżka

to let
The flat is available for one week and has central heating, a cooker and a shower.

as if you were there

Dobry wieczór. Chciałbym/
Chciałabym pokój dwuosobowy.
*do*bri *vie*choor. h*cha*wbim/
h*cha*wabim *po*kooy dwoo-
oso*bo*vi
Na trzy noce.
na tshi **no**tse.
Z prysznicem, proszę. Ile to kosztuje?
s prishneetsem **pro***she. ee*le to
kosh*too*ye
Czy śniadanie jest wliczone?
*chi shnia*da*nie yest vlee*cho*ne*

Buying Things

check out

1 15 slices; false
2 peaches and bananas; a bit
   more; no
3 it was too tight; yes

odd one out

1	jabłko	4	tuńczyk
2	ryba	5	buty
3	znaczki	6	chleb

get it right!

1	znaczek	4	kartę
2	stoisko	5	gotówka
3	większego		

match it up

1 b; 2 c; 3 a; 4 e; 5 d

as if you were there

Tak. Chciałbym/Chciałabym kupić
krawat.
tak. h*cha*wbim/h*cha*wabim
*koo*peech *kra*vat
Niebieski.
*niebie*skee
Ile to kosztuje?
*ee*le to kosh*too*ye

To za drogo. Czy jest coś tańszego?
to za **dro**go. chi yest tsosh
tan*she*go
Podoba mi się. Biorę.
*po*do*ba mee she.* **bio**re

Café Life

check out

1 true; false; a pancake
2 false; yes

odd one out

1 c; 2 c; 3 b; 4 a; 5 b

waiter!

Waiter: 1, 2, 5, 6, 8, 9
Customer: 3, 4, 7, 10

tasty treats

kieliszek, rachunek, telefon,
popielniczka, filiżanka

as if you were there

Czy jest szarlotka.
*chi yest shar*lot*ka
Tak, proszę.
tak, **pro**she.
Poproszę colę.
*po*pro*she* **ko***le
Z lodem. Bez cytryny.
s **lo***dem. bes tsit*ri*ni*

Eating Out

check out

1 today's set menu: tomato soup,
   breaded pork chop, potatoes
   and cabbage; sparkling water
2 40 minutes; it's cold

get it right

1 b; 2 c; 3 a; 4 c

menu mix-up
1 c, f, j; 2 d, h, l; 3 b, k;
4 a; g; 5 e, i

as if you were there
Tak, czy są owoce morza?
tak chi sow ovotse mozha
Jaka jest tu specjalność regionalna?
yaka yest too spetsyalnoshch regionalna
Co to jest?
tso to yest
Poproszę to.
poproshe to

Entertainment ....

check out
1 true; false; yes 2 10 zloty; two

match it up
1 e; 2 d; 3 a; 4 c; 5 b

mind the gap
1 korzystać	4 łowić
2 wypożyczyć	5 wziąć
3 jeździć	

as if you were there
Czy są bilety na sobotni wieczór?
chi sow beeleti na sobotnee viechoor
Ile to trwa?
eele to trfa
Czy jest przerwa?
chi yest psherva
Czy jest program po angielsku?
chi yest program po angielskoo
Poproszę dwa bilety i jeden program.
poproshe dva beeleti ee yeden program

Emergencies ....

check out
1 a stomach ache, being sick, diarrhoea; false; false
2 you have a flat tyre; a spare tyre and a jack
3 false; false

a spoonful a day ...
1 avoid contact with eyes
2 swallow whole
3 on an empty stomach
4 one spoonful three times a day
5 before meals

where are you ...?
1 doctor's	4 garage
2 police station	5 garage
3 doctor's	6 police station

as if you were there
Dzień dobry. Mam kaszel. Proszę syrop na kaszel.
djen dobri. mam kashel. proshe sirop na kashel
Nie.
nie
Jak to stosować?
yak to stosovach

Nouns are given with their gender in brackets:
(m) = masculine (f) = feminine
(n) = neuter
(pl) = plural (s) = singular
Adjectives are shown with their masculine/feminine/neuter endings.

A

about (relating to) o *o*
  (approximately) około *okowo*
above nad *nat*
access dostęp (m) *dostemp*
accident wypadek (m) *vipadek*
accommodation zakwaterowanie (n) *zakfaterovanie*
ache ból (m) *bool*
address adres (m) *adres*
adult osoba dorosła (f) *osoba doroswa*
after; afterwards po *po*
afternoon popołudnie (n) *popowoodnie*
aftersun po opalaniu *po opalanioo*
ago temu *temoo*
air (at petrol station) kompresor (m) *kompresor*
air conditioning klimatyzacja (f) *kleematizatsia*
airport lotnisko (n) *lotneesko*
alcohol alkohol (m) *alkohol*
allergic to uczulony/a/e na *oochoolony/a/e na*
also też *tesh*
ambulance ambulans (m) *amboolans*
amusement park wesołe miasteczko (n) *vesowe miastechko*
and i *ee*
animal zwierzę (n) *zviezhe*
another jeszcze jeden/jedna/jedno (m/f/n) *yeshche yeden/yedna/yedno*
antibiotic antybiotyk (m) *antibiotik*
antihistamine lek przeciwhistaminowy (m) *lek pshecheefheestameenovi*
antique antyk (m) *antik*
anything wszystko *fshistko*
anything else coś jeszcze *tsosh yeshche*
apartment apartament (m); mieszkanie (n) *apartament; mieshkanie*

appointment wizyta (f) *vizita*
are są *sow*
to arrive (plane) przylecieć *pshilechech* (bus/train) przyjechać *pshiyehach* (boat) przypłynąć *pshipwinonch*
art sztuka (f) *shtooka*
art gallery galeria sztuki (f) *galeria shtookee*
as far as aż do *ash do*
ashtray popielniczka (f) *popielneechka*
aspirin aspiryna (f) *aspeerina*
asthma astma (f) *astma*
at na; w *na, v*
to attack atakować *atakovach* (mug) napaść *napashch*
attacked zaatakowany/a/e *za-atakovani/a/e*
available wolny/a/e; dostępny/a/e *volni/a/e; dostempni/a/e*

B

baby food jedzenie dla dzieci (n) *yedzenie dla djechee*
balcony balkon (m) *balkon*
ball (tennis, etc.) piłka (f) *peewka*
bank (money) bank (m) *bank*
bar bar (m) *bar*
basement podziemia (npl) *podziemia*
bath wanna (f) *vanna*
bathroom łazienka (f) *wazhenka*
battery (car) akumulator (m) *akoomoolator*
to be być *bich*
beach plaża (f) *plazha*
bed łóżko (n) *wooshko*
bed and breakfast pensjonat (m) *pensyonat*
before przed *pshet*
behind za *za*
bicycle rower (m) *rover*
  mountain bike rower górski (m) *rover goorskee*
big duży/a/e *doozhi/a/e*
a bit trochę *trohe*
bigger większy/a/e *vienkshi/a/e*
bill rachunek (m) *rahoonek*
to bite ugryźć *oogrishch*
blanket koc (m) *kots*
blind (window) roleta (f) *roleta*
boarding house pensjonat (m) *pensyonat*

boat łódź (f); statek (m) *wooch; statek*
boat trip wycieczka łodzią/statkiem *vichechka wodjow/statkiem*
boiled gotowany/a/e *gotovani/a/e*
boiler bojler (m) *boyler*
to book rezerwować *rezervovach*
booking rezerwacja (f) *rezervatsia*
bottle butelka (f) *bootelka*
box pudełko (n) *poodewko* (theatre) loża (f) *lozha*
brakes hamulce (mpl) *hamooltse*
bread roll bułka (f) *boowka*
to break down zepsuć się *zepsooch she*
breakfast śniadanie (n) *shniadanie*
to break into włamać się *vwamach she*
breast pierś (f) *piersh*
to breathe oddychać *oddihach*
bridge most (m) *most*
briefcase aktówka (f) *aktoofka*
broken złamany/a/e *zwamani/a/e*
bureau de change kantor wymiany walut (m) *kantor vimiani valoot*
bus autobus (m) *awtoboos*
bus station dworzec autobusowy (m) *dvozhets aootoboosovi*
bus stop przystanek autobusowy (m) *pshistanek aootoboosovi*
business biznes (m)
  on business służbowo *swoozhbovo*
but ale *ale*
button guzik (m) *goozheek*
bye cześć *cheshch*

C

café kawiarnia (f) *kaviarnia*
to call zadzwonić *zadzvoneech*
camera aparat fotograficzny (m) *aparat fotografeechni*
campsite kemping (m) *kempeeng* (tents) pole namiotowe (n) *pole namiotove*
can (to be able) móc *moots*
canoe kajak (m) *kayak*
car samochód (m) *samohoot*
car hire wynajem samochodów (m) *vinayem samohodoof*
car park parking (m) *parkeenk*
carafe karafka (f) *karafka*
carton karton (m) *karton*
cashpoint bankomat (m) *bankomat*
cash gotówka (f) *gotoofka*
cathedral katedra (f) *katedra*
central heating centralne ogrzewanie (n) *tsentralne ogzhevanie*

centre centrum (n); środek (m) *tsentroom; shrodek*
to change (money) wymienić pieniądze *vimieneech pieniondze* (train) przesiadać się *psheshadach she*
changing room przymierzalnia (f) *pshimiezhalnia*
to charge pobierać *pobierach*
cheap tani/a/e *tanee/a/e*
cheaper tańszy/a/e *tanshi/a/e*
to check sprawdzić *spravdjeech*
checkout kasa (f) *kasa*
chemist's (medical) apteka (f) *apteka* (toiletries) drogeria (f) *drogeria*
to chew (tablets) ssać *ssach*
child dziecko (n) *djetsko*
children (sons and daughters) dzieci *djechee*
choice wybór (m) *viboor*
chocolate czekolada (f) *chekolada*
chop kotlet (m) *kotlet*
city miasto (n) *miasto*
class klasa (f) *klasa*
classical music muzyka klasyczna (f) *moozika klasichna*
to climb wspinać się *fspeenach she*
cloakroom szatnia (f) *shatnia*
close (by) blisko *bleesko*
to close zamknąć *zamknonch*
closed zamknięty/a/e *zamknienti/a/e*
clothes ubranie (n) *oobranie*
club klub (m) *kloop*
coach autokar (m) *a-ootokar*
coin moneta (f) *moneta*
cold zimny/a/e/ *zheemni/a/e* (to have a cold) być przeziębionym *bich pshezhembionim*
colour kolor (m) *kolor*
commission prowizja (f) *proveezya*
concession zniżka (f) *zneeshka*
concert koncert (m) *kontsert*
concert hall sala koncertowa (f) *sala kontsertova*
conditioner odżywka (f) *odzhifka*
condom kondom (m) *kondom*
connection połączenie (n) *powonchenie*
constipation zatwardzenie (n) *zatfardzenie*
contact lens szkła kontaktowe (npl) *shkwa kontaktove*
contact lens cleaner płyn do mycia szkieł kontaktowych (m) *pwin do micha shkiew kontaktovih*

to contain zawierać *zavierach*
cooker kuchenka (f) *koohenka*
corner (outside) róg (m) *rook*
cost koszt (m) *kosht*
to cost kosztować *koshtovach*
cot łóżeczko (n) *woozhechko*
cotton (material) bawełna (f)
    bavewna
cough kaszel (m) *kashel*
to cough kaszleć *kashlech*
cough mixture syrop na kaszel (m)
    sirop na kashel
court (tennis) kort (m) *kort*
to crash rozbić *rozbeech*
cream śmietana (f) *shmietana*
    (lotion) krem (m) *krem*
credit card karta kredytowa (f) *karta
    kreditova*
to cross przejść *psheyshch*
crossing (sea) przeprawa statkiem (f)
    psheprava statkiem (pedestrian)
    przejście dla pieszych (n)
    psheyshche dla pieshih
crossroads skrzyżowanie (n)
    skshizhovanie
cup filiżanka (f) *feeleezhanka*
current (electrical) prąd (m) *pront*
curtain zasłona (f) *zaswona*
to cut oneself skaleczyć się
    skalechich she

D

dairy products produkty mleczne
    (mpl) *prodookti mlechne*
dangerous niebezpieczny/a/e
    niebespiechni/a/e
daughter córka (f) *tsoorka*
day dzień (m) *djen*
deckchair leżak (m) *lezhak*
deep głęboki/a/ie *gwembokee/a/ie*
delicious pyszny/a/e *pishni/a/e*
dentist dentysta/dentystka (m/f)
    dentista/dentistka
deodorant dezodorant (m)
    dezodorant
to depart (transport) odjeżdżać
    odyezhdjach
department stoisko (n); dział (m)
    stoeesko; djaw
department store dom towarowy
    (m) *dom tovarovi*
dessert deser (m) *deser*
dessert menu karta deserów (f)
    karta deseroof

dessert spoon łyżeczka (f)
    wizhechka
to develop (film) wywołać *vivovach*
diabetic cukrzyk (m) *tsookshik*
to dial wykręcić *vikrencheech*
diarrhoea rozwolnienie (n)
    rozvolnienie
diesel diesel (m) *deezel*
difficult trudny/a/e *troodni/a/e*
digital cyfrowy/a/e *tsifrovi/a/e*
digital camera cyfrowy aparat
    fotograficzny (m) *tsifrovi aparat
    fotografeechni*
dinner obiad (m) *obiat*
dirty brudny/a/e *broodni/a/e*
disabled niepełnosprawny/a/e
    niepewnospravni/a/e
disc dysk (m) *disk*
to dive nurkować *noorkovach*
to feel dizzy mieć zawroty głowy
    miech zavroti gwovi
diving nurkowanie (n) *noorkovanie*
divorced rozwiedziony/a/e
    rozviedjoni/a/e
to do robić *robeech*
doctor lekarz/lekarka (m/f) *lekash/
    lekarka*
door drzwi (pl) *djvee*
double room pokój dwuosobowy (m)
    pokooy dvoo-osobovi
dress sukienka (f) *sookienka*
drink napój (m) *napooy*
to drink pić *peech*
to drive prowadzić samochód
    provadjeech samohoot
driver kierowca *kieroftsa*
driving licence prawo jazdy (n) *pravo
    yazdi*
drowsiness senność (f) *sennoshch*
dry (wine) wytrawne *vitravne* (not
    wet) suchy/a/e *soohi/a/e*
dubbed dubbingowany/a/e
    dabeengovani/a/e
dumplings kluski (fpl); kopytka (npl)
    klooskee; kopitka
dustbin kosz na śmieci (m) *kosh na
    shmiechee*

E

earache ból ucha (m) *bool ooha*
to eat jeść *yeshch*
egg jajko (n) *yayko*
eighteenth osiemnasty/a/e
    oshemnasti/a/e

emergency nagły wypadek (m) *nagwi vipadek*

engaged (occupied) zajęty/a/e *zayenti/a/e*

engine silnik (m) *sheelneek*

to enter (foot/transport) wejść *veyshch*

entertainment rozrywka (f) *rozrifka*

epileptic epileptyk/epileptyczka (m/f) *epeeleptik/epeeleptichka*

escalator ruchome schody (pl) *roohome shodi*

evening wieczór (m) *viechoor*

every day codziennie *tsodjennie*

everything wszystko *fshistko*

to examine (medical) badać *badach*

to exchange zamienić *zamieneech* (money) wymienić *vimieneech*

exchange rate kurs wymiany (m) *koors vimiani*

excuse me przepraszam *psheprasham*

to exercise ćwiczyć *chfeechich*

exhaust pipe rura wydechowa (f) *roora videhova*

exhibition wystawa (f) *vistava*

expensive drogi/a/ie *drogee/a/ie*

extra (in addition) dodatkowo *dodatkovo*

F

family rodzina (f) *rodjeena*

fan (air) wiatrak (m) *viatrak* (supporter) kibic *keebeets*

far (away) daleko *daleko*

fast szybki/a/e *shipkee/a/e*

fast train pociąg pospieszny (m) *pochonk pospieshni*

fee opłata (f) *opwata*

festival festiwal (m) *festival*

fifteenth piętnasty/a/e *pientnasti/a/e*

to fill wypełnić *vipewneech*

filling (dental) plomba (f) *plomba*

film film (m) *feelm*

to find znaleźć *znaleshch*

fine (penalty) mandat (m) *mandat*

to finish skończyć *skonchich*

fire brigade straż pożarna (f) *strash pozharna*

first aid pierwsza pomoc (f) *pierfsha pomots*

to fish; to go fishing łowić ryby; iść na ryby *woveech ribi; eeshch na ribi*

to fit pasować *pasovach*

fitting room przebieralnia (f) *pshebieralnia*

fizzy z gazem *z gazem*

flat (apartment) mieszkanie (n) *mieshkanie*

flat (battery, etc.) rozładowany/a/e *rozwadovani/a/e*

flight lot (m) *lot*

flippers płetwy (fpl) *pwetfi*

floor (level) piętro (n) *pientro* on the first floor na pierwszym piętrze *na pierfshim pientshe* ground floor parter (m) *parter*

flu grypa (f) *gripa*

folk music muzyka ludowa (f) *moozika loodova*

food jedzenie (n) *yedzenie*

food poisoning zatrucie pokarmowe (n) *zatrooche pokarmove*

football piłka nożna (f); futbol (m) *peewka nozhna; footbol*

for dla *dla*

fork widelec (m) *veedelets*

form (document) formularz (m) *formoolash*

fourteenth czternasty/a/e *chternasti/a/e*

fracture złamanie (n) *zwamanie*

fresh świeży/a/e *shfiezhi/a/e*

from od; z *od; z*

front przód; front (m) *pshoot; front* in front of przed *pshet*

fruit owoce (mpl) *ovotse*

full pełny/a/e *pewni/a/e* full board z pełnym wyżywieniem *s pewnim vizhivieniem*

funfair wesołe miasteczko (n) *vesowe miastechko*

G

gentleman/men pan/panowie *pan/ panovie* (Gents) męski *menskee*

to get dostać; otrzymać *dostach; otshimach* to get off (bus) wysiadać *vishadach* to get on (bus) wsiadać *fshadach*

to give dać *dach*

glass szklanka (f) *shklanka* (wine) kieliszek (m) *kieleeshek*

to go (on foot/by transport) iść/jechać *eesh; yehach*

golf golf (m) *golf*

golf clubs kije golfowe (mpl) *keeye golfove*

golf course pole golfowe (n) *pole golfove*

good dobry/a/e *dobri/a/e*

  good morning dzień dobry (m) *djen dobri*

  good evening dobry wieczór *dobri viechoor*

ground floor parter (m) *parter*

guest house pensjonat (m) *pensionat*

guide przewodnik (m) *pshevodneek*

guidebook przewodnik (m) *pshevodneek*

guided tour zwiedzanie z przewodnikiem (n) *zviedzanie s pshevodneekiem*

H

hairdryer suszarka do włosów (f) *soosharka do vwosoof*

half pół (n); połowa (f) *poow; powova*

  half board z częściowym wyżywieniem *s chenshchovim vizhivieniem*

  half price za pół ceny *za poow tseni*

  half an hour pół godziny *poow godjeeni*

hanger (clothes) wieszak (m) *vieshak*

to have mieć *miech*

to have to musieć *mooshech*

hayfever katar sienny (m) *katar shenni*

he on *on*

headache ból głowy (m) *bool gwovi*

headlight reflektor (m) *reflektor*

heating ogrzewanie (n) *ogzhevanie*

heavy ciężki/a/ie *chenshkee/a/ie*

hello (informal) cześć *cheshch*

to help pomóc *pomoots*

her; hers (possessive pronoun) jej *yey*

here tutaj; tu *tootay; too*

here you are proszę *proshe*

high chair krzesełko dla dzieci (n) *kshesewko dla djechee*

hiking piesza wycieczka (f) *piesha vichechka*

him jemu; jego; go *yemoo yego; go*

hip biodro (n) *biodro*

to hire wynająć *vinayonch*

his (possessive pronoun) jego *yego*

HIV HIV (m) *heef*

holiday wakacje (pl); urlop (m) *vakatsie; oorlop*

  on holiday na wakacjach; na urlopie *na vakatsiah; na oorlopie*

home dom (m) *dom*

horse koń (m) *kon*

horse riding jazda konno (f) *yazda kon-no*

hospital szpital (m) *shpeetal*

hostel schronisko (n) *shroneesko*

hot gorący/a/e *gorontsi/a/e* (spicy) pikantny/a/e *peekantni/a/e*

hotel hotel (m) *hotel*

hour godzina (f) *godjeena*

house dom (m) *dom*

how jak *yak*

  how far? jak daleko ? *yak daleko*

  how long? jak długo? *yak dwoogo*

  how many/how much? ile? *eele*

to hurt boleć *bolech*

husband mąż (m) *monsh*

I

I ja *ya*

ice lód (m) *loot*

ice cream lód (m); lody (pl) *loot; lodi*

ice skates łyżwy (fpl) *wizhvi*

in w *v*

included wliczony/a/e *vleechoni/a/e*

indoors wewnątrz *vevnontsh*

infection infekcja (f); zakażenie (n) *eenfektsia; zakazhenie*

information informacja (f) *eenformatsia*

insect owad (m) *ovat*

insect repellent środek odstraszający owady (m) *shrodek otstrashayontsi ovadi*

insect stings użądlenia owadów (npl) *oozhondlenia ovadoof*

insurance ubezpieczenie (n) *oobespiechenie*

to be interested in interesować się *eenteresovach she*

interesting interesujący/a/e; ciekawy/a/e *eenteresooyontsi/a/e; chekavi/a/e*

Internet Internet (m) *eenternet*

Internet connection połączenie internetowe (n) *powonchenie eenternetove*

interval (theatre, etc.) przerwa (f) *psherva*
iron (for clothes) żelazko (n) *zhelasko*
is (see also 'to be') jest *yest*
  is there? czy jest? *chi yest*
it to *to*

J

jar słoik (m) *swo-eek*
jazz jazz (m) *djez*
jewellery biżuteria (f) *beezhooteria*
journey podróż (f) *podroosh*
just (only) tylko *tilko*

K

key klucz (m) *klooch*
kilo(gram) kilo(gram) (m) *keelo(gram)*
kilometre kilometr (m) *keelometr*
kind rodzaj (m) *rodzay*
knife nóż (m) *noosh*
to know (someone) znać *znach*
  (something) wiedzieć *viedjech*
  I don't know nie wiem *nie viem*

L

lady pani (f) *pani*
language język (m) *yenzik*
last ostatni/a/e *ostatnee/a/e*
to last trwać *trfach*
later później *poozhniey*
leather skóra (f) *skoora*
lemon cytryna (f) *tsitrina*
less mniej *mniey*
licence (driving) prawo jazdy (n) *pravo yazdi*
lifejacket kamizelka ratunkowa (f) *kameezelka ratoonkova*
lift winda (f) *veenda*
light światło (n) *shfiatwo*
to like (food, people) lubić *loobeech*
I would like chciałbym/chciałabym (m/f) *hchawbim/hchawabim*
to listen słuchać *swoohach*
litre litr (m) *leetr*
liver wątróbka (f) *vontroopka*
local lokalny/a/e; miejscowy/a/e *lokalni/a/e; mieystsovi/a/e*
to lock zamknąć *zamknonch*
to look for szukać *shookach*

M

main główny/a/e *gwoovni/a/e*
man mężczyzna (m) *menshchizna*
map mapa (f) *mapa*
married (man) żonaty (m) *zhonati*

(woman) mężatka (f) *menzhatka*
mask maska (f) *maska*
matt matowy/a/e *matovi/a/e*
it doesn't matter to nie szkodzi *to nie shkodjee*
me mi; mnie *mee; mnie*
meal posiłek (m) *posheewek*
mechanic mechanik (m) *mehaneek*
medical medyczny/a/e *medichni/a/e*
medicine (drug) lekarstwo (n) *lekarstfo*
medium (size) średni/a/ie *shrednee/a/ie* (steak) średnio wysmażony *shrednio vismazhoni* (wine) półwytrawne *poow vitravne*
to meet poznać *poznach*
memory card (for camera) karta pamięci (f) *karta pamienchee*
to mend naprawić; zreperować *napraveech; zreperovach*
metre metr (m) *metr*
midnight północ (f) *poownots*
mile mila (f) *meela*
milk mleko (n) *mleko*
mine (of me) mój/a/e *mooy/moya/moye*
minibar barek (m) *barek*
minute minuta (f) *meenoota*
mistake pomyłka (f) *pomiwka*
mobile (phone) komórka (f) *komoorka*
modern współczesny/a/e *fspoowchesni/a/e*
moisturiser krem nawilżający (m) *krem naveelzhayontsi*
money pieniądze (pl) *pieniondze*
month miesiąc (m) *mieshonts*
more więcej *vientsey*
morning ranek (m) *ranek*
  in the morning rano *rano*
motorbike motocykl (m) *mototsikl*
motorway autostrada (f) *awtostrada*
to move ruszać się *rooshach she*
Mr pan (m) *pan*
Mrs pani (f) *panee*
to mug (someone) napaść *napashch*
muscle mięsień (m) *mienshen*
museum muzeum (n) *mooze-oom*
music muzyka (f) *moozika*
must: you must musisz (informal) pan/pani musi (formal) *moosheesh; pan/panee mooshee*
mustn't nie wolno *nie volno*
my mój/a/e (m/f/n) *mooy/moya/moye*

N

name nazwisko (n) *nazveesko*
napkin serwetka (f) *servetka*
nappy pieluszka (f) *pielooshka*
near blisko *bleesko*
nearest najbliższy/a/e *naybleeshshi/a/e*
to need potrzebować *potshebovach*
newspaper gazeta (f) *gazeta*
next następny/a/e *nastempni/a/e*
next to obok *obok*
night noc (f) *nots*
nightclub klub nocny (m) *kloop notsni*
nineteenth dziewiętnasty/a/e *djevietnasti/a/e*
no nie *nie*
noisy głośny/a/e *gwoshni/a/e*
noon południe (n) *powoodnie*
not nie *nie*
not at all nie ma za co *nie ma za tso*
note (bank) banknot (m) *banknot*
nothing nic *neets*
number numer (m) *noomer*
nurse pielęgniarz/pielęgniarka (m/f) *pielengniash/pielengniarka*
nut orzech (m) *ozheh*

O

of course oczywiście *ochivishche*
oil olej (m) *oley*
okay dobrze *dobzhe*
on na *na* (switched on) włączony/a/e *vwonchoni/a/e*
once raz *ras*
only tylko *tilko*
open otwarty/a/e *otfarti/a/e*
to open otworzyć *otfozhich*
operation operacja (f) *operatsia*
opposite (facing) naprzeciwko *napshecheefko*
or albo *albo*
order (food/drinks) zamówienie (n) *zamoovienie*
to order zamówić *zamooveech*
out of order awaria (f); nieczynny/a/e *avaria; niechinni/a/e*
our; ours nasz/a/e *nash/a/e*

P

packet paczka (f) *pachka*
pain ból (m) *bool*
painkiller środek przeciwbólowy (m) *shrodek pshecheefboolovi*

pair para (f) *para*
palace pałac (m) *pawats*
paper papier (m) *papier*
pardon? słucham? *swooham*
park park (m) *park*
to park parkować *parkovach*
parking parkowanie (n) *parkovanie*
part część (f) *chenshch*
partner (business) partner/partnerka (m/f) *partner/partnerka*
passport paszport (m) *pashport*
to pay zapłacić *zapwacheech*
peanut orzeszek ziemny (m) *ozheshek zhemni*
pedal pedał (m) *pedaw*
pedestrian pieszy (m) *pieshi*
pedestrian crossing przejście dla pieszych (n) *psheyshche dla pieshih*
pensioner emeryt/emerytka (m/f) *emerit/emeritka*
people ludzie *loodje*
perfume perfumy (pl) *perfoomi*
person osoba (f) *osoba*
petrol benzyna (f) *benzina*
petrol station stacja benzynowa (f) *statsia benzinova*
photo zdjęcie (n) *zdienche*
phone telefon (m) *telefon*
piece kawałek (m) *kavavek*
pillow poduszka (f) *podooshka*
place; seat miejsce (n) *mieystse*
plan plan (m) *plan*
plane samolot (m) *samolot*
plaster (sticking) plaster (m) *plaster*
plate talerz (m) *talesh*
platform peron (m) *peron*
play (theatre) sztuka (f) *shtooka*
to play (game) grać *grach*
please proszę *proshe*
police policja (f) *poleetsia*
police station komisariat policji (m) *komeesariat poleetsee*
pool (swimming) pływalnia (f); basen (m) *pwivalnia; basen*
port (harbour) port (m) *port*
portion porcja (f) *portsia*
postcard pocztówka (f) *pochtoofka*
post office poczta (f) *pochta*
pound (sterling) funt (sterling) (m) *foont sterleenk*
to prefer woleć *volech*
pregnant w ciąży *f chonzhi*

prescription recepta (f) *retsepta*
present (gift) prezent (m) *prezent*
to press nacisnąć *nacheesnonch*
price cena (f) *tsena*
print (photo) zdjęcie (n) *zdienche*
to print wydrukować *vidrookovach*
problem problem (m) *problem*
programme program (m) *program*
to pull ciągnąć *chongnonch*
pump (petrol station) dystrybutor (m) *distribootor*

Q

quarter ćwierć (f) *chfierch*
quick(ly) szybki/a/ie; szybko *shipkee/a/ie; shipko*
quite całkiem *tsawkiem*

R

racket (tennis) rakieta (f) *rakieta*
railway station dworzec kolejowy (m) *dvozhets koleyovi*
to rape zgwałcić *zgvavcheech*
rare rzadki/a/ie *zhatkee/a/ie* (steak) lekko wysmażony *lekko vismazhoni*
rash (spots) wysypka (f) *visipka*
rate (speed) prędkość (f) *prentkoshch* (tariff) stawka (f) *stafka*
raw surowy/a/e *soorovi/a/e*
razor nożyk do golenia (m) *nozhik do golenia*
ready gotowy/a/e *gotovi/a/e*
receipt kwit; paragon (m) *kfeet; paragon*
to recommend polecić *polecheech*
reduction zniżka (f) *zneeshka*
registration number numer rejestracyjny (m) *noomer reyestratsiyni*
to rent wynająć *vinayonch*
to repair zreperować; naprawić *zreperovach; napraveech*
to repeat powtórzyć *poftoozhich*
reservation (hotel, etc.) rezerwacja (f) *reservatsia*
to reserve zarezerwować *zarezervovach*
to rest odpoczywać *otpochivach*
restaurant restauracja (f) *resta-ooratsia*
return powrót (m) *povroot* (ticket) powrotny *povrotni*
to ride (horse/bike) jechać *yehach*
right prawy/a/e *pravi/a/e*

road droga (f) *droga*
roast pieczeń (f) *piechen*
room pokój (m) *pokooy*
rope lina (f) *leena*
roundabout rondo (n) *rondo*
rucksack plecak (m) *pletsak*

S

safe (strongbox) sejf (m) *seyf*
safe bezpieczny/a/e *bespiechni/a/e*
to sail żeglować *zheglovach*
sailing żeglarstwo (n) *zheglarstfo*
sailing boat żaglówka (f) *zhagloofka*
salad sałatka (f) *sawatka*
salt sól (f) *sool*
the same taki/a/ie sam/a/o (m/f/n) *takee/a/ie sam/a/o*
sandwich kanapka (f) *kanapka*
sanitary towels podpaski higieniczne (fpl) *potpaskee heegieneechne*
season sezon (m) *sezon*
seat miejsce (n) *mieystse*
seatbelt pas (bezpieczeństwa) (m) *pas (bespiechenstfa)*
to see widzieć *veedjech*
self-catering z własnym wyżywieniem *z vwasnim vizhivieniem*
self-service samoobsługa (f) *samo-opswooga*
to sell sprzedawać *spshedavach*
to send wysłać *viswach*
senior citizen starsza osoba (f) *starsha osoba*
serious poważny/a/e *povazhni/a/e*
seventeenth siedemnasty/a/e *shedemnasti/a/e*
shampoo szampon (m) *shampon*
shaving cream/foam krem do golenia (m) *krem do golenia*
shivers dreszcze (mpl) *dreshche*
she ona *ona*
sheet prześcieradło (n) *psheshcheradwo*
shop sklep (m) *sklep*
show przedstawienie (n) *pshetstavienie*
to show pokazać *pokazach*
shower prysznic (m) *prishneets*
sick chory/a/e *hori/a/e*
    to be sick wymiotować *vimiotovach*
    to feel sick mieć mdłości *miech mdwoshchee*
sightseeing zwiedzanie (n) *zviedzanie*
sign znak (m) *znak*

to sign podpisać *potpeesach*
silk jedwab (m) *yedvap*
since od *ot*
to sit (down) siadać *shadach*
sixteenth szesnasty/a/e *shesnasti/a/e*
size (clothes) rozmiar (m) *rozmiar*
  (shoes) numer (m) *noomer*
skates (ice) łyżwy (fpl) *wizhvi*
to skate jeździć na łyżwach
  yezhdjeech na wizhvah
to ski jeździć na nartach *yezhdjeech
  na nartah*
skis narty (fpl) *narti*
  ski boots buty narciarskie (mpl)
  booti narchaiskie
sleeping bag śpiwór (m) *shpeevoor*
slice plasterek (m) *plasterek*
small mały/a/e *mawi/a/e*
smaller mniejszy/a/e *mnieyshi/a/e*
soap mydło (n) *midwo*
soft drink napój bezalkoholowy (m)
  napooy bezalkoholovi
someone ktoś *ktosh*
something coś *tsosh*
son syn (m) *sin*
I'm sorry przepraszam *psheprasham*
sour kwaśny/a/e *kfashni/a/e*
spare zapasowy/a/e *zapasovi/a/e*
sparkling (water) gazowany/a/e
  gazovani/a/e
to speak mówić *mooveech*
speciality specjalność (f)
  spetsialnoshch
spicy pikantny/a/e *peekantni/a/e*
spoon łyżka (f) *wishka*
spoonful łyżka (f) *wishka*
sport sport (m) *sport*
to sprain zwichnąć *zveehnonch*
sprained zwichnięty/a/e
  zveehnienti/a/e
square plac (m) *plats*
stalls (theatre) parter (m) *parter*
stamp (postage) znaczek (m)
  znachek
to start zacząć *zachonch*
starter przystawka (f) *pshistafka*
station stacja (f); dworzec (m)
  statsia; dvozhets
to stay (live) zatrzymać się
  zatshimach she (remain) zostać
  zostach
to steal ukraść *ookrashch*
steering wheel kierownica (f)
  kierovneetsa

still (water) niegazowany/a/e
  niegazovani/a/e
to sting użądlić *oozhondleech*
stolen skradziony/a/e *skradjoni/a/e*
stomach ache ból żołądka/brzucha
  (m) *bool zhowontka/bzhooha*
stomach upset niestrawność (f)
  niestravnoshch
stop (bus) przystanek autobusowy
  (m) *pshistanek a-ootoboosovi*
to stop zatrzymać się *zatshimach she*
straight prosty/a/e *prosti/a/e*
street ulica (f) *ooleetsa*
strong silny/a/e *sheelni/a/e*
student student/studentka (m/f)
  stoodent/stoodentka
sugar cukier (m) *tsookier*
suitcase walizka (f) *valeeska*
sunburn oparzenie słoneczne (n)
  opazhenie swonechne
suntan lotion mleczko do opalania (n)
  mlechko do opalania
supper kolacja (f) *kolatsia*
supplement dodatek (m); dopłata (f)
  dodatek; dopwata
surname nazwisko (n) *nazveesko*
to swallow połykać *powikach*
to swim pływać *pwivach*
swimming pool basen (m) pływalnia
  (f) *basen; pwivalnia*

T

table stół (m) *stoow* (restaurant)
  stolik
tablet tabletka (f) *tabletka*
table tennis ping-pong (m) *peenk-
  ponk*
to take brać; wziąć *brach; wzionch*
taken (seat) zajęty/a/e *zayenti/a/e*
to take off (clothes) rozebrać się
  rozebrach she (plane) odlatywać
  odlativach
to talk rozmawiać *rozmaviach*
tampons tampony (mpl) *tamponi*
tap kran (m) *kran*
to taste spróbować *sproobovach*
tax podatek (m) *podatek*
taxi taksówka (f) *taksoofka*
taxi rank postój taksówek (m)
  postooy taksoovek
teacher (m/f) nauczyciel/
  nauczycielka *na-oochichel/na-
  oochichelka*
teaspoon łyżeczka (f) *vizhechka*

telephone telefon (m) *telefon*
to telephone telefonować; dzwonić
telefonovach;dzvoneech
telephone card karta telefoniczna (f)
karta telefoneechna
television telewizja (f) *televeezia*
temperature temperatura (f)
temperatoora
to have a temperature mieć
temperaturę *miech temperatoore*
temporary tymczasowy/a/e *timchasovi/a/e*
tennis tenis (m) *tenees*
tennis court kort tenisowy (m) *kort teneesovi*
tent namiot (m) *namiot*
than niż *neesh*
thank you (very much) dziękuję
(bardzo) *djenkooye (bardzo)*
that (one) tamten/tamta/tamto
(m/f/n) *tamten/tamta/tamto*
their; theirs ich *eeh*
them ich; im *eeh; eem*
then potem *potem* (later) później
poozhniey
there tam *tam*
there is/are jest/są *yest/sow*
they (men) oni *onee* (women) one *one*
to think myśleć *mishlech*
thirteenth trzynasty/a/e *tshinasti/a/e*
this (one) ten; ta; to (m/f/n) *ten; ta; to*
those tamte (f); tamci (m) *tamte; tamchee*
ticket (travel/theatre) bilet (m) *beelet*
ticket office kasa biletowa (f) *kasa beeletova*
tide (high/low) przypływ/odpływ (m)
pshipwif/otpwif
tight ciasny/a/e *chasni/a/e*
till kasa (f) *kasa*
what time is it? Która godzina? *ktoora godjeena*
timetable (train) rozkład jazdy (m)
roskwat yazdi
tin puszka (f) *pooshka*
to do *do*
toast (bread) grzanka (f) *gzhanka*
today dzisiaj *djeeshay*
toilet paper papier toaletowy (m)
papier to-aletovi
toilets toalety (fpl) *to-aleti*
tomorrow jutro *yootro*
tonight dzisiaj wieczorem *djeeshay viechorem*

too za *za* (as well) też *tesh*
toothache ból zęba (m) *bool zemba*
toothpaste pasta do zębów (f) *pasta do zemboof*
tough (meat) twardy/a/e *tfardi/a/e*
tour wycieczka (f) *vichechka*
tourist turysta (m) *toorista*
towel ręcznik (m) *renchneek*
town miasto (n) *miasto*
town centre centrum miasta (n)
tsentroom miasta
traditional tradycyjny/a/e
traditsiyni/a/e
traffic lights światła (npl) *shfiatwa*
train pociąg (m) *pochonk*
tram tramwaj (m) *tramvay*
travel agency biuro podróży (n) *biooro podroozhi*
traveller's cheques czeki podróżne
(mpl) *chekee podroozhne*
travel sickness choroba lokomocyjna
(f) *horoba lokomotsiyna*
trip wycieczka (f); podróż (f) *vichechka; podroosh*
to try spróbować *sproobovach*
to try on przymierzyć *pshimiezhich*
tube (pipe) tubka (f) *toopka*
(underground) metro (n) *metro*
to turn skręcić *skrencheech*
twentieth dwudziesty/a/e
dvoodjestila/e
twenty first dwudziesty/a/e
pierwszy/a/e *dvoodjestila/e pierfshi/a/e*
twenty fourth dwudziesty/a/e czwarty/
a/e *dvoodjestila/e chfartila/e*
twenty second dwudziesty/a/e
drugi/a/ie *dvoodjestila/e droogeel/alie*
twenty third dwudziesty/a/e trzeci/ia/ie
dvoodjestila/e tshechi/e/a
twice dwa razy *dva razi*

U
under pod *pot*
underdone niedogotowany/a/e
niedogotovanila/e
underground (tube) metro (n) *metro*
to understand rozumieć *rozoomiech*
unfortunately niestety *niesteti*
unleaded petrol benzyna bezołowiowa
(f) *benzina bezowoviova*
urgent pilny/a/e *peelnila/e*
to use korzystać *kozhistach*

V

vacant wolny/a/e *volni/a/e*
vanilla waniliowy/a/e *vaneeliovi/a/e*
vegan wegan/ka (m/f) *vegan/ veganka*
vegetarian wegetarianin/ wegetarianka (m/f) *vegetarianeen/ vegetarianka*
vehicle pojazd (m) *poyast*
vehicle assistance pomoc drogowa (f) *pomots drogova*
very bardzo *bardzo*
virus wirus (m) *veeroos*
visit wizyta (f) *veezita*
to visit (person/town) odwiedzić; zwiedzić *odviedjeech; zviedjeech*
volleyball siatkówka (f) *shatkoofka*

W

waiter kelner (m) *kelner*
waitress kelnerka (f) *kelnerka*
to want chcieć *hchech*
washing powder proszek do prania (m) *proshek do prania*
washing-up liquid płyn do mycia naczyń (m) *pwin do micha nachin*
to watch oglądać *oglondach*
water woda (f) *voda*
waterskiing jazda na nartach wodnych (f) *yazda na nartah vodnih*
waterskis narty wodne (fpl) *narti vodne*
way droga (f) *droga*
we my *mi*
weak słaby/a/e *swabi/a/e*
week tydzień (m) *tidjen*
weekend weekend (m) *weekend*
well done (steak) dobrze wysmażony *dobzhe vismazhoni*
what? co? *tso*
wheat pszenica (f) *psheneetsa*
wheel koło (n) *kowo*
wheelchair wózek inwalidzki (m) *voozek eenvaleetskee*
when kiedy *kiedi*
where gdzie *gdje*

which który/a/e *ktoori/a/e*
which way? którędy? *ktoorendi*
who? kto? *kto*
whole cały/a/e *tsawi/a/e*
why? dlaczego? *dlachego*
wide szeroki/a/e *sherokee/a/e*
widow wdowa (f) *vdova*
widower wdowiec (m) *vdoviets*
wife żona (f) *zhona*
window okno (n) *okno* (shop) wystawa (f) *vistava*
to windsurf pływać na desce surfingowej *pwivach na destse serfeengovey*
wine wino (n) *veeno*
winter zima (f) *zheema*
with z *z*
without bez *bes*
woman kobieta (f) *kobieta*
wool wełna (f) *vewna*
to work (job) pracować *pratsovach* (function) działać *djawach*
it's worth... warto... *varto*
to wrap (up) zawinąć *zaveenonch*
to write pisać *peesach*

X

X-ray prześwietlenie (n) *psheshfietlenie*

Y

year rok (m) *rok*
yes tak *tak*
yesterday wczoraj *fchoray*
you (formal s/pl) pan/pani/państwo *pan/panee/panstfo* (informal s) ty *ti* (informal pl) wy *vi*
your (informal s) twój/twoja/twoje/ twoi *tfooy/tfoya/tfoye/tfoyee;* (informal pl) wasz/wasza/wasze/ wasi *vash/a/e vashi*
youth hostel schronisko młodzieżowe (n) *shroneesko mwodjezhove*

Z

zoo zoo (n) *zo-o*

A

a *a* and
adres (domowy) (m) *adres (domovi)* address
aktówka (f) *aktoofka* briefcase
akumulator (m) *akoomoolator* battery
albo *albo* or
ale *ale* but
alergia (f) *alergia* allergy
alergik/alergiczka (m/f) *alergeek/ alergeechka* allergic
aparat fotograficzny (m) *aparat fotografeechni* camera
aperitif (m) *apereeteef* aperitif
apteka (f) *apteka* chemist's
astma (f) *astma* asthma
atakować *atakovach* to attack
autobus (m) *awtoboos* bus
autokar (m) *awtokar* coach
autostrada (f) *awtostrada* motorway
awaria (f) *avaria* breakdown
aż do *ash do* as far as

B

balkon *balkon* balcony
bandaż (m) *bandash* bandage
bank (m) *bank* bank
banknot (m) *banknot* banknote
bankomat (m) *bankomat* cash machine
bar (m) *bar* bar
barek (m) *barek* minibar
bardzo *bardzo* very
basen (m) *basen* swimming pool
bawełna (f) *bavewna* cotton
benzyna (bezołowiowa) (f) *benzina (bezowoviova)* (unleaded) petrol
bez *bez* without
bezalkoholowy/a/e *bezalkoholovi/a/e* non-alcoholic
biegunka (f) *biegoonka* diarrhoea
bilet (w jedną stronę) (m) *beelet (v yednow strone)* ticket: single
biuro (n) *biooro* office
biuro podróży (n) *biooro podroozhi* travel agent's
biżuteria (f) *beezhooteria* jewellery
blisko *bleesko* near
ból (m) *bool* pain
boleć *bolech* to hurt; to ache
brać *brach* to take
brudny/a/e *broodni/a/e* dirty

budka telefoniczna (f) *bootka telefoneechna* phone box
butelka (f) *bootelka* bottle
buty narciarskie (mpl) *booti narcharskie* ski boots
być *bich* to be

C

całkiem *tsawkiem* quite
cena (f) *tsena* price
centralne ogrzewanie (n) *tsentralne ogzhevanie* central heating
centrum (n) *tsentroom* centre
chcieć *hchech* to want
chciałabym *hchawabim* I'd like to (f)
chciałbym *hchawbim* I'd like to (m)
chłodnica (f) *hwodneetsa* radiator
choroba (f) *horoba* illness
choroba lokomocyjna (f) *horoba lokomotsiyna* travel sickness
chory/a/e *hori/a/e* ill
ciasny/a/e *chasni/a/e* tight
ciąża (f) *chonzha* pregnancy
być w ciąży *bich f chonzhi* to be pregnant
ciekawy/a/e *chekavi/a/e* interesting
ciśnienie krwi (n) *cheeshnienie krfee* blood pressure
co...? *tso* what...?
codziennie *tsodjennie* every day
coś *tsosh* something
coś jeszcze? *tsosh yeshche* anything else?
córka (f) *tsoorka* daughter
cyfrowy/a/e *tsifrovi/a/e* digital
czeki podróżne (mpl) *chekee podroozhne* traveller's cheques
cześć *cheshch* hello/bye (informal)
często *chensto* often
czternasty/a/e *chternasti/a/e* fourteenth
czy jest/czy są? *chi yest/chi sow* is there/are there?
czy mogę/czy możemy? *chi moge/chi mozhemi* can I/can we?
ćwierć (f) *chfierch* a quarter

D

daleko *daleko* far
damski/a/e *damskee/a/e* Ladies
dentysta/denstystka (m/f) *dentista/ dentistka* dentist
deser (m) *deser* dessert

dezodorant (m) *dezodorant* deodorant

diabetyk (m) *diabetik* diabetic

dla *dla* for

do *do* to

doba (f) *doba* 24 hours

dobry/a/e *dobri/a/e* good

dobry wieczór *dobri viechoor* good evening

dobrze *dobzhe* fine; okay

dom (m) *dom* house; home

dom towarowy (m) *dom tovarovi* department store

dopłata (f) *dopwata* additional charge

dorosły/a/e *doroswi/a/e* adult

dostać *dostach* to get

dostęp (m) *dostemp* access

do widzenia *do veedzenia* good bye

do zobaczenia *do zobachenia* see you

dreszcze (mpl) *dreshche* shivers

droga (f) *droga* way; road

drogeria (f) *drogeria* shop selling toiletries

drogi/a/e *drogee/a/e* expensive; dear

drzwi (pl) *djvee* door

dużo *doozho* a lot of

duży/a/e *doozhi/a/e* big

dwa razy *dva razi* twice

dworzec (m) *dvozhets* station

dwudziesty/a/e *dvoodjesti/a/e* twentieth

dwudziesty/a/e czwarty/a/e *dvoodjesti/a/e chfarti/a/e* twenty fourth

dwudziesty/a/e drugi/a/ie *dvoodjesti/a/e droogee/a/ie* twenty second

dwudziesty/a/e pierwszy/a/e *dvoodjesti/a/e pierfshi/a/e* twenty first

dwudziesty/a/e trzeci/ia/ie *dvoodjesti/a/e tshechi/e/a* twenty third

dzieci (npl) *djechee* children

dziecko (n) *djetsko* child

dzień (m) *djen* day

dzień dobry *djen dobri* good morning

dziewiętnasty/a/e *djevientnasti/a/e* nineteenth

dzisiaj; dziś *djeeshay; djeesh* today

dystrybutor (m) *distribootor* pump

działać *djawach* to work (operate)

E

efekty uboczne (mpl) *efekti oobochne* side effects

ekspres (pociąg) (m) *expres (pochonk)* express (train)

epileptyk/epileptyczka (m/f) *epeeleptic/epeeleptichka* epileptic

F

festiwal (m) *festeeval* festival

filiżanka (f) *feeleezhanka* cup

format (m) *format* (photo) size

formularz (m) *formoolash* form

funt szterling (m) *foont shterleenk* pound sterling

G

galeria sztuki (f) *galeria shtookee* art gallery

gaz (m) *gas* gas

gazowany/a/e *gazovani/a/e* fizzy

gdzie *gdje* where

gałka (f) *gawka* scoop (ice cream)

głęboki/a/ie *gwembokee/a/ie* deep

głośny/a/e *gwoshni/a/e* noisy

godzina (f) *godjeena* hour

gorący/a/e *gorontsi/a/e* hot

gorączka (f) *goronchka* fever; high temperature

gotowy/a/e *gotovi/a/e* ready

gotówka (f) *gotoofka* cash

grać *grach* to play

grosz (m) *grosh* smallest Polish coin

grypa (f) *gripa* flu

guzik (m) *goozheek* button

grzanka (f) *gzhanka* toast

H

hałas (m) *hawas* noise

I

i *ee* and

ich *eeh* their/theirs

ile *eele* how much/how many

im *eem* them

imię (n) *eemie* first name

informacja turystyczna (f) *eenformatsia tooristichna* tourist information

interesować się *eenteresovach she* to be interested
iść *eeshch* to walk

J

ja *ya* I
jak *yak* how
jaki/a/ie *yakee/a/ie* what … like?
jarski/a/ie *yarskee/a/ie* vegetarian
jazda konna (f) *yazda konna* horse riding
jazda na łyżwach (f) *yazda na wizhvah* skating
jazda na nartach (f) *yazda na nartah* skiing
jazda na nartach wodnych (f) *yazda na nartah vodnih* waterskiing
jazda na rowerze (f) *yazda na rovezhe* cycling
jechać *yehach* to go (by transport)
jedwab (m) *yedvap* silk
jedzenie (n) *yedzenie* food
jego *yego* his
jej *yey* her; hers
jeść *yeshch* to eat
jest *yest* is
jeszcze jeden/jedna/jedno (m/f/n) *yeshche yeden/yedna/yedno* another one
jeździć konno *yezhdjeech konno* to ride a horse
jeździć na łyżwach *yezhjeech na wizhvah* to skate
jeździć na nartach *yezhdjeech na nartah* to ski
język (m) *yenzik* tongue; language
jutro *yootro* tomorrow
jutro rano *yootro rano* tomorrow morning
jutro wieczorem *yootro viechorem* tomorrow evening
już podaję *yoosh podaye* straight away

K

kafejka internetowa (f) *kafeyka eenternetova* Internet cafe
kamizelka ratunkowa (f) *kameezelka ratoonkova* life jacket
kanapka (f) *kanapka* sandwich
kantor (m) *kantor* bureau de change
karafka (f) *karafka* carafe
karta (f) *karta* card; menu

karta kredytowa (f) *karta kreditova* credit card
karta pamięci (f) *karta pamienchee* memory card
karta pocztowa (f) *karta pochtova* postcard
karta telefoniczna (f) *karta telefoneechna* phone card
kasa (f) *kasa* cash desk
kasa biletowa (f) *kasa beeletova* ticket office
kaszel (m) *kashel* cough
katedra (f) *katedra* cathedral
kaucja (f) *kawtsya* deposit
kawałek (m) *kavawek* piece
kawiarnia (f) *kaviarnia* café
kelner/kelnerka (m/f) *kelner/kelnerka* waiter/waitress
kemping (m) *kemping* campsite
kiedy *kiedi* when
kieliszek (m) *kieleeshek* glass (alcoholic drink)
kierowca (m) *kieroftsa* driver
kierownica (f) *kierovneetsa* steering wheel
kije do golfa (mpl) *keeye do golfa* golf clubs
kilka *keelka* a few; some
kilometr (m) *keelometr* kilometre
kino (n) *keeno* cinema
klasa (f) *klasa* class
klimatyzacja (f) *kleematizatsia* air conditioning
klub (nocny) (m) *klup (notsni)* (night) club
klucz (m) *klooch* key
koc (m) *kots* blanket
kolor (m) *kolor* colour
komórka (f) *komoorka* mobile (phone)
kompresor (m) *kompresor* air (petrol station)
kończyć *konchich* to end
koronka (f) *koronka* (dental) crown
kort (tenisowy) (m) *kort (teneesovi)* (tennis) court
korzystać *kozhistach* to use
koszt (m) *kosht* cost
kosztować *koshtovach* to cost
kościół (m) *koshchoow* church
kran (m) *kran* tap
krem (m) *krem* cream

krzesełko dla dzieci (n) *kshesewko dla djechee* highchair

kto *kto* who

którędy *ktoorendi* which way

który/a/e *ktoori/a/e* which one

ktoś *ktosh* someone

kuchenka (f) *koohenka* cooker

kupić *koopeech* to buy

kurs wymiany (m) *koors vimiani* exchange rate

kwadrans (m) *kfadrans* quarter (time)

L

lampa (f) *lampa* lamp

lekarstwo (n) *lekarstfo* medicine

lekarz/lekarka (m/f) *lekash/lekarka* doctor

lekcja (f) *lektsia* lesson

lewy/a/e *levi/a/e* left

leżak (m) *lezhak* deckchair

lina (f) *leena* rope

list (polecony) (m) *leest (poletsoni)* letter (registered)

litr (m) *leetr* litre

lody (pl) *lodi* ice cream

lot (m) *lot* flight

lotnisko (n) *lotneesko* airport

loża (f) *lozha* (theatre) box

lubić *loobeech* to like

ludzie *loodje* people

Ł

łazienka (f) *wazhenka* bathroom

łowić ryby *woveech ribi* to fish

łódź (f) *wooch* boat

łóżeczko (n) *woozhechko* cot

łóżko (n) *wooshko* bed

łyżeczka (f) *wizhechka* teaspoon

łyżka (f) *wishka* spoon

łyżwy (fpl) *wizhvi* skates

M

mały/a/e *mawi/a/e* small

mandat (m) *mandat* speeding/ parking fine

mapa (f) *mapa* map

marka (f) *marka* brand; make (car)

maska (f) *maska* bonnet (car); mask (diving)

matowy/a/e *matovi/a/e* matt

mąż (m) *monsh* husband

mdłości (pl) *mdwoshchee* nausea

metr (m) *metr* metre

mężatka (f) *menzhatka* married woman

mi *mee* me

miasto (n) *miasto* town; city

mieć *miech* to have

mieć mdłości *miech mdwoshchee* to feel sick

miejsce (n) *mieystse* place

mieszkanie (n) *mieshkanie* flat

między *miendzi* between

mięsień (m) *mienshen* muscle

miło mi pana/panią poznać *meewo mee pana/paniow poznach* nice to meet you

minuta (f) *meenoota* minute

mleczko do opalania (n) *mlechko do opalania* sun lotion

mleczko po opalaniu (n) *mlechko po opalanioo* aftersun lotion

mleko (n) *mleko* milk

mnie *mnie* me

mniej *mniey* less

mniejszy/a/e *mnieyshi/a/e* smaller

mogę *moge* I can

moja/e/i (f/n/pl) *moya/moye/mooee* my; mine

moneta (f) *moneta* coin

morze (n) *mozhe* sea

most (m) *most* bridge

motor (m) *motor* motorbike

mój *mooy* (m) mine; my

mówić *mooveech* to speak

możemy *mozhemi* we can

można *mozhna* one can

musieć *mooshech* to have to

muzyka (f) *moozika* music

klasyczna *klasichna* classical

ludowa *loodova* folk

my *mi* we

mydło (n) *midwo* soap

myśleć *mishlech* to think

N

na *na* on; at; by

nacisnąć *nacheesnonch* to press

nad *nat* over; above

najbliższy/a/e *naybleeshshi/a/e* nearest

namiot (m) *namiot* tent

napadnięty/a/e *napadnienti/a/e* mugged

napisać *napeesach* to write

napój (m) *napooy* drink

naprzeciwko *napshecheefko* opposite

narty (f) *narti* skis

narty wodne (f) *narti vodne* water skis

następny/a/e *nastempni/a/e* next

nauczyciel/nauczycielka (m/f) *na-oochichel/na-oochichelka* teacher

nazwisko (n) *nazveesko* surname

nic *neets* nothing

nie *nie* no

niebezpieczny/a/e *niebespiechni/a/e* dangerous

nieczynny/a/e *niechinni/a/e* out of order

niedaleko *niedaleko* not far

niedługo *niedwoogo* soon; not long

niegazowany/a/e *niegazovani/a/e* (non-fizzy) still

nie ma *nie ma* there isn't/there aren't

niepełnosprawny/a *niepewnospravni/a/e* disabled

niestety *niesteti* unfortunately

noc (f) *nots* night

nocleg (m) *notslek* overnight stay

nocny klub (m) *notsni kloop* night club

numer (m) *noomer* number

numer rejestracyjny (m) *noomer reyestratsiyni* registration number

nurkować *noorkovach* to dive

O

obiad (m) *obiat* dinner

obok *obok* next to

oczywiście *ochiveeshche* of course

od *ot* since; from

odjeżdżać *odyezhdjach* to leave

odpoczywać *otpochivach* to rest

oglądać *oglondach* to watch

ogrzewanie (n) *ogzhevanie* heating

okno (n) *okno* window

około *okowo* around; about

olej (m) *oley* oil

on; ona; one; oni *on; ona; one; onee* he; she; they (f); they (m)

oparzenie (n) *opazhenie* burn

opłata (f) *opwata* fee

orzech (m) *ozheh* nut

orzeszki ziemne (mpl) *ozheshkee zhemne* peanuts

osiemnasty/a/e *oshemnasti* eighteenth

osoba (f) *osoba* person

osobowy (pociąg) (m) *osobovi (pochonk)* slow (train)

ostatni/a/ie *ostatnee/a/ie* last

otwarty/a/e *otfarti/a/e* open

otworzyć *otfozhich* to open

owad (m) *owat* insect

owoce (mpl) *ovotse* fruit

P

paczka (f) *pachka* parcel; packet

palenie (n) *palenie* smoking

pan/pani (m/f) *pan/panee* Mr/Mrs

pana/pani (m/f) *pana/panee* (formal) your

panowie/panie (m/f) *panovie/panie* Gents/Ladies

papier (m) *toaletovy papier toaletovi* toilet paper

paragon (m) *paragon* receipt

parking (m) *parkeenk* car park

parter (m) *parter* ground floor; stalls

partner/partnerka (m/f) *partner/partnerka* partner

pas bezpieczeństwa *pas bespiechenstfa* seat belt

pasta do zębów (f) *pasta do zemboof* toothpaste

paszport (m) *pashport* passport

pedał (m) *pedaw* pedal

pełny/a/e *pewni/a/e* full

pensjonat (m) *pensionat* guest house

peron (m) *peron* platform

pić *peech* to drink

piec *piets* stove; oven

pielęgniarz/pielęgniarka (m/f) *pielengniash/pielengniarka* nurse

pieluszki (fpl) *pielooshkee* nappies

pieniądze (mpl) *pieniondze* money

pierś (f) *piersh* breast

pierwsza klasa (f) *piersha klasa* first class

pierwsza pomoc (f) *piersha pomots* first aid

piesi (mpl) *pieshee* pedestrians

pieszo *piesho* on foot

piętnasty/a/e *pientnasti/a/e* fifteenth

piętro (n) *pientro* floor; storey

piłka (f) *peewka* ball

piłka nożna (f) *peewka nozhna* football

pilny/a/e *peelni/a/e* urgent

pisać *peesach* to write

plac (m) *plats* square

plaster (m) *plaster* plaster

plaża (f) *plazha* beach

plecak (m) *pletsak* rucksack

plomba (f) *plomba* filling (dental)

płacić *pwacheech* to pay

plan miasta (m) *plan miasta* town plan

plasterek (m) *plasterek* slice

płetwy (pl) *pwetfi* flippers

płyn (m) *pwin* liquid

płyn do szkieł kontaktowych (m) *pwin do shkiew kontaktovih* contact lens solution

płyn do zmywania naczyń (m) *pwin do zmivania nachin* washing-up liquid

pływać *pwivach* to swim

pływalnia (f) *pwivainia* swimming pool

po *po* after

pociąg (m) *pochonk* train
 ekspresowy *expresovi* express
 osobowy *osobovi* slow
 pospieszny *pospieshni* fast

poczta (f) *pochta* post office

pocztówka (f) *pochtoofka* postcard

pod *pot* under

podatek (m) *podatek* tax

podobać się *podobach she* to like

podpaska (f) *potpaska* sanitary towel

podpisać *potpeesach* to sign

podróż (f) *podroosh* journey

poduszka (f) *podooshka* pillow

podziemia (mpl) *potzhemia* basement

pogotowie ratunkowe (n) *pogotovie ratoonkove* ambulance

pojemnik na śmieci (m) *poyemneek na shmiechee* dustbin

pójść *pooyshch* to go

pokoje do wynajęcia (mpl) *pokoye do vinayencha* rooms to let

pokój (m) *pokooy* room

połączenie (n) *powonchenie* connection

polecić *polecheech* to recommend

pole golfowe (n) *pole golfove* golf course

pole namiotowe (n) *pole namiotove* campsite (tents only)

policja (f) *poleetsia* police

połknąć *powknonch* to swallow

południe (n) *powoodnie* noon; South

pomiędzy *pomiendzi* between

pomoc (f) *pomots* help

pomóc *pomoots* to help

pomoc drogowa (f) *pomots drogova* vehicle assistance

pomyłka (f) *pomiwka* mistake

po południu *po powoodnioo* in the afternoon

postój taksówek (m) *postooy taxoovek* taxi rank

potrzebować *potshebovach* to need

powrotny/a/e *povrotni/a/e* return

powtórzyć *poftoozhich* to repeat

pół *poow* half

północ (f) *poovnots* midnight

poważny/a/e *povazhni/a/e* serious

poznać *poznach* to meet

pracować *pratsovach* to work

prąd (m) *pront* current; electricity

prawnik/prawniczka (m/f) *pravneek/ pravneechka* lawyer

prawo jazdy (n) *pravo yazdi* driving licence

prawy/a/e *pravi/a/e* right (side)

prezent (m) *present* present

prezerwatywy (fpl) *prezervativi* condoms

proszek do prania (m) *proshek do prania* washing powder

proszę *proshe* please

prowadzić samochód *provadjeech samohoot* to drive

prowizja (f) *proveezya* commission

prysznic (m) *prishneets* shower

przebieralnia (f) *pshebieralnia* changing room

przed *pshet* in front of; before

przedstawienie (n) *pshetstavienie* performance

przejście (n) *psheyshche* crossing

przepraszam *psheprasham* I'm sorry; excuse me!

przeprawa (f) *psheprava* crossing

przerwa (f) *psherva* interval; break

przesiąść się *psheshonshch she* to change (train/bus)

prześwietlenie (n) *psheshfietlenie* X-ray

przewodnik (m) *pshevodneek* guide book

przewodnik/przewodniczka (m/f) *pshevodneek/pshevodneechka* guide (person)

przez *pshes* across
przeziębienie (n) *pshezhembienie* cold (illness)
przyjechać/przyjść *pshiyehach/ pshiyshch* to arrive (transport/foot)
przyjeżdżać *pshiyezhdjach* to arrive
przylot (m) *pshilot* arrival (plane)
przymierzać *pshimiezhach* to try on
przymierzalnia (f) *pshimiezhalnia* fitting room
przysłać *pshiswach* to send
przystanek (m) *pshistanek* stop
przystawka (f) *pshistafka* starter
pszenica (f) *psheneetsa* wheat
puszka (f) *pooshka* tin

R

rachunek (m) *rahoonek* bill
rakieta (f) *rakieta* racket
rano *rano* morning
ratownik (m) *ratovneek* life guard
raz (m) *ras* once
razem *razem* together
recepta (f) *retsepta* prescription
reflektory (mpl) *reflektori* headlights
restauracja (f) *restaooratsia* restaurant
rezerwacja (f) *rezervatsia* reservation
rezerwować *rezervovach* to reserve; to book
ręcznik (m) *renchneek* towel
robić *robeech* to do
rodzaj (m) *rodzay* kind; type
rodzina (f) *rodjeena* family
rodzinny/a/e *rodjeenni/a/e* family
rondo (n) *rondo* roundabout
rower (m) *rover* bicycle
rozbić (samochód) *rozbeech (samohoot)* to crash (a car)
rozbierać się *rozbierach she* to take off one's clothes
rozkład jazdy (m) *roskwat yazdi* timetable
rozmiar (m) *rozmiar* size
rozumieć *rozoomiech* to understand
rozwiedziony/a/e *rozviedjoni/a/e* divorced
rozwolnienie (n) *rozvolnienie* diarrhoea
róg (m) *rook* corner
ruszać *rooshach* to move
rzeźba (f) *zhezhba* sculpture

S

sala koncertowa (f) *sala kontsertova* concert hall
salon fryzjerski (m) *salon frizierskee* hairdressing salon
samochód (m) *samohoot* car
samolot (m) *samolot* plane
samoobsługa (f) *samo-opswooga* self-service
są *sow* are
schronisko młodzieżowe *shroneesko mwodjezhove* youth hostel
sejf (m) *seyf* safe deposit box
senność (f) *sen-noshch* drowsiness
sezon (m) *sezon* season
siatkówka (f) *shatkoofka* volleyball
siedemnasty/a/e *shedemnasti/a/e* seventeenth
silnik (m) *sheelneek* engine
skasować *skasovach* to validate (ticket)
sklep (m) *sklep* shop
skóra (f) *skoora* leather
skręcić *skrencheech* to turn
skrzyżowanie (n) *skshizhovanie* crossing
skwer (m) *skfer* square
słoik (m) *swo-eek* jar
słucham? *swooham* pardon?
służbowo *swoozhbovo* on business
sok (m) *sok* juice
sos (m) *sos* sauce
sól (f) *sool* salt
specjalność (f) *spetsyalnoshch* speciality
sprawdzać *spravdzach* to check
ssać *s-sach* to chew (tablets)
stacja benzynowa (f) *statsia benzinova* petrol station
statek (m) *statek* ship
sterowanie (n) *sterovanie* steering
stolik (m) *stoleek* table (restaurant)
stół (m) *stoow* table
suszarka do włosów (f) *soosharka do vwosoof* hairdryer
syn (m) *sin* son
syrop na kaszel (m) *sirop na kashel* cough mixture
szampon (m) *shampon* shampoo
szatnia (f) *shatnia* cloak room
szesnasty/a/e *shesnasti/a/e* sixteenth
szklanka (f) *shklanka* glass

szkła kontaktowe (n) *shkwa kontaktove* contact lenses
szpital (m) *shpeetal* hospital
sztuka (f) *shtooka* play
szukać *shookach* to look for
szybki/a/ie *shipkee/a/ie* fast
ścieżka (f) *shcheshka* path
śmieci (mpl) *shmiechee* rubbish
śmietana; śmietanka (f) *shmietana; shmietanka* cream
śniadanie (n) *shniadan*ie breakfast
śpiwór (m) *shpeevoor* sleeping bag
środek przeciw owadom *shvodek pshecheef ovadom* insect repellent
światło (n) *shfiatwo* light
świeży/a/e *shfiezhi/a/e* fresh

T

ten; ta; to (m/f/n) *ta; ten; to* this one
tabletka (f) *tabletka* tablet
tak *tak* yes
taksówka (f) *taxoofka* taxi
tam *tam* there
tamten; tamta; tamto (m/f/n) *tamten; tamta; tamto* that one
tani/a/e *tanee/a/e* cheap
taniec (m) *taniets* dance
tańszy/a/e *tanshi/a/e* cheaper
targ (m) *tark* market
teatr (m) *te-atr* theatre
telefon komórkowy (m) *telefon komoorkovi* mobile phone
telewizor (m) *televeezor* TV set
tenis stołowy/ping-pong (m) *tenees stowovi/peenk ponk* table tennis
też *tesh* (also) too
to *to* it
toaleta (f) *to-aleta* toilet
torba (f) *torba* bag
torebka (f) *torepka* handbag
tort (m) *tort* cake
tradycyjny/a/e *traditsiyni/a/e* traditional
tramwaj (m) *tramvay* tram
trochę *trohe* a little
trudny/a/e *troodni/a/e* difficult
trwać *trfach* to last
trzynasty/a/e *tshinasti/a/e* thirteenth
tubka (f) *toopka* tube
turysta/turystka (m/f) *toorista/tooristka* tourist
tutaj; tu *tootay; too* here

twardy/a/e *tfardi/a/e* hard
twoi; twoje *tfo-ee; tfo-ye* your; yours (pl)
twój; twoja; twoje (m/f/n) *tfooy; tfoya; tfoye* your; yours (s)
ty *ti* you (s)
tydzień (m) *tidjen* week
tylko *tilko* only
tymczasowy/a/e *timchasovi/a/e* temporary

U

ubezpieczenie (n) *oobespiechenie* insurance
ubierać (się) *oobierach (she)* to dress (oneself)
ubranie (n) *oobranie* clothes
uczulenie (n) *oochoolenie* allergy
uczulony/a/e *oochooloni/a/e* allergic
ulgowy/a/e *oolgovi/a/e* (ticket) reduced-fare
ukraść *ookrashch* to steal
ulica (f) *ooleetsa* street
użądlenia owadów (npl) *oozhondlenia ovadoof* insect stings
użądlić *oozhondleech* to sting

W

w *v* in
wakacje (pl) *vakatsye* holidays
walizka (f) *valeeska* suitcase
waluta (f) *valoota* currency
waniliowy/a/e *vaneeliovi/a/e* vanilla
wanna (f) *vanna* bathtub
warto *varto* it's worth
wczoraj *fchoray* yesterday
wdowa (f) *vdova* widow
wdowiec (m) *vdoviets* widower
wegan/weganka (m/f) *vegan/veganka* vegan
wegetarianin/wegetarianka (m/f) *vegetarianeen/vegetarianka* vegetarian
wełna (f) *vewna* wool
wesołe miasteczko (n) *vesowe miastechko* funfair
wiatrak (m) *viatrak* fan
więcej *vientsey* more
wieczór (m) *viechoor* evening
wiedzieć *viedjech* to know
większy/a/e *vienkshi/a/e* bigger
wieszak (m) *vieshak* coat hanger

winda *veen*da lift
wirus (m) *veeroos* virus
wizyta (f) *veezita* visit
włamać się *vwamach she* to break into
wliczony/a/e *vleechoni/a/e* included
  (in the bill)
woda (f) *voda* water
woleć *volech* to prefer
wolny/a/e *volni/a/e* free
wózek inwalidzki (m) *voozek
  eenvaleetskee* wheelchair
wstęp (wolny) (m) *fstemp (volni)*
  admission (free)
wszystko *fshistko* everything; all
wy *vi* you (pl)
wybór (m) *viboor* choice
wycieczka (f) *vichechka* tour; trip
wycieczka z przewodnikiem (f)
  vichechka s pshevodneekiem guided
  tour
wymiana (f) *vimiana* exchange
wymienić *vimieneech* to exchange
wymiotować *vimiotovach* to vomit
wynająć *vinayonch* to let
  pokoje do wynajęcia *pokoye do
  vinayencha* rooms to let
wynajęty/a/e *vinayenti/a/e* rented out
wypadek (m) *vipadek* accident
wypełnić *vipewneech* to fill in
wypożyczyć *vipozhichich* to hire
wysiadać *vishadach* to get off
wysypka (f) *visipka* rash
wystawa (f) *vistava* exhibition
wysyłać *visiwach* to send
wytrawny/a/e *vitravni/a/e* (wine) dry
wywołać *vivowach* to develop

Z

z *z* from; with
za *za* behind; too
zaatakowany/a/e *za-atakovani/a/e*
  attacked
zabierać *zabierach* to take
zaczynać *zachinach* to start
zajęty/a/e *zayenti/a/e* busy; engaged
zakaz parkowania (m) *zakas parkovania*
  no parking
zakaz wjazdu (m) *zakas viazdoo*
  no entry (by transport)
zamek (m) *zamek* castle; lock
zamknąć *zamknonch* to close
zamknięty/a/e *zamknienti/a/e* closed
zamówić *zamooveech* to order

zamówienie (n) *zamoovienie* order
zaparcia (npl) *zaparcha* constipation
zaparkować *zaparkovach* to park
zapłacić *zapwacheech* to pay
zarezerwować *zarezervovach* to
  reserve; to book
zatrucie pokarmowe (n) *zatrooche
  pokarmove* food poisoning
zatrzymać się *zatshimach she* to stop
zawierać *zavierach* to contain
zawrót głowy (m) *zavroot gwovi*
  dizziness
zbadać *zbadach* to examine
zdejmować *zdeymovach* to take off
zdjęcie (n) *zdyenche* photo
zepsuć się *zepsooch she* to break
zgubić *zgoobeech* to lose
zimny/a/e *zheemni/a/e* cold
zjazd (m) *zyazt* (motorway) exit
zjeżdżać na nartach *zyezhdjach na
  nartah* to ski
złamać *zwamach* to break
złamanie (n) *zwamanie* fracture
znaczek pocztowy (m) *znachek
  pochtovi* stamp
znać *znach* to know
znaleźć *znaleshch* to find
zniżka (f) *zneeshka* reduction
zobaczyć *zobachich* to see
zostać *zostach* to stay
zostawić *zostaveech* to leave
zrobić *zrobeech* to do
zwichnięcie *zveehnienche* sprain
zwichnięty/a/e *zveehnienti/a/e*
  sprained
zwiedzać *zviedzach* to go sightseeing
zwiedzanie (n) *zviedzanie* sightseeing

Ź

źle *zhle* bad; badly

Ż

żeglować *zheglovach* to sail
żelazko (n) *zhelasko* iron (for ironing)
żona (f) *zhona* wife
żonaty *zhonati* married (man)